法医冷知识

法医门徒◎著

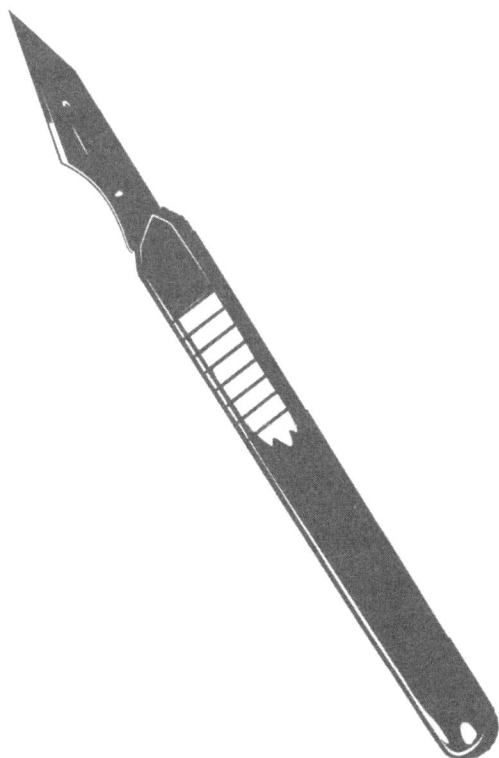

台海出版社

图书在版编目（CIP）数据

法医冷知识 / 法医门徒著 . —— 北京 : 台海出版社，
2024. 9.（2025.1 重印）

—— ISBN 978-7-5168-3959-1

Ⅰ. D919-49

中国国家版本馆 CIP 数据核字第 2024DV2109 号

法医冷知识

著　　者：法医门徒

责任编辑：赵旭雯　　　　　　　　　　封面设计：DARAY

出版发行：台海出版社

地　　址：北京市东城区景山东街 20 号　邮政编码：100009

电　　话：010-64041652（发行，邮购）

传　　真：010-84045799（总编室）

网　　址：www.taimeng.org.cn/thcbs/default.htm

E-mail：thcbs@126.com

经　　销：全国各地新华书店

印　　刷：三河市嘉科万达彩色印刷有限公司

本书如有破损、缺页、装订错误，请与本社联系调换

开　　本：880 毫米 ×1230 毫米　1/32

字　　数：185 千字　　　　　　印　　张：8

版　　次：2024 年 9 月第 1 版　　印　　次：2025 年 1 月第 2 次印刷

书　　号：ISBN 978-7-5168-3959-1

定　　价：59.80 元

Part 1

死亡真相—— 让尸体"说话"，为死者昭雪

Part 2

刑 侦现场—— 以技术为重，查找蛛丝马迹

Part 3

法医鉴定—— 用证据说话，破解死亡密码

Part 4

杀人凶器——案发现场会说话的"第三人"

Part 5

致命毒药—— 防不胜防，中毒之后知多少

Part 6

犯罪心理—— 揭秘犯罪嫌疑人自己都不知道的另一面

Part 1

死亡真相

———让尸体"说话"，为死者昭雪

不管是活还是死，
人体都是一个惊人的信息库。

01 被割喉者是死于窒息吗？

古罗马，弗拉维斗兽场上，两个角斗士正在场地中厮杀，他们像两只红了眼的野兽一样，张牙舞爪地冲向对方。

在斗兽场的高台上，坐满了古罗马的王公贵妇，他们像欣赏一幕喜剧一样，说笑着，看着下面两个角斗士在厮杀。

终于，随着他们的一声惊呼，一位角斗士倒下了。此时，有人从看台上扔下一把尖刀，那位赢了的角斗士拿起刀来，走向奄奄一息的落败者。只见他左手抓起落败者的头发，右手将尖刀挥向落败者的喉头。

在尖刀划过的一刹那，落败者的眼中满是恐惧、无助和求生的泪水。瞬间，落败者的喉咙被割开，血液喷溅，在观众们的喝彩声中，落败者眼中最后一丝生命之光消逝了。

割喉是最原始的一种致人死亡的方式，在这种方式下，人像是牲畜一样被杀掉。据文献记载，被割喉者都会在短时间内死去，但是，他们死去的真实原因是什么呢？

通常，我们会认为死因是失血过多。人体颈部左右两侧各有一条颈总动脉，向上在甲状软骨附近各自分出颈外动脉和颈内动脉，其中右侧颈总动脉由头臂干发出,左侧颈总动脉由主动脉弓发出。割喉的时候,颈总动脉被割开,由于动脉血压较高,颈部的血液会大量喷涌出来。人体如果在短时间内急性失血 2000 毫升以上,就会因为失血过多而死亡。

所以,我们在很多影视作品中能够看到,被割喉的人会用手下意识地握紧自己的脖子,但这样也无济于事,血液仍然会从手指缝中涌出,最后留下一具倒下的尸体。

但事实真的如此吗?

Truth 冷知识·真相

被割喉者的死因大多有以下几种,第一种:因失血过度导致脑缺氧。人的大脑需要不停地血液供应,而颈动脉就负责向大脑供血,且血液携带氧气,如果大脑处于完全缺血状态,6 分钟内大脑就会缺氧,导致脑细胞大量死亡,人就会进入休克甚至脑死亡的状态。

在大多数情况下,颈动脉虽然被割破,但血液的流失并不一定会达到瞬间致命的速度,也就是说,人如果能够被紧急救治,是能够解决脑部供血问题的。但关键在于,当颈动脉被完全割断时,人体中向大脑供血的系统被破坏了,大脑供血会瞬间停止,如果几分钟之内没有恢复,人就会因为脑死亡而死去。

第二种:失血性休克牵连心源性休克死亡。当人被割喉之后,气管也和颈动脉一样被割开,单纯的气管被割开并不致命,但问题在于，动脉血液流速会导致向体外大量喷溅血液，短时间内迅速失血会导致血压急速降低，进而发生失血性休克牵连心源性休克死亡。

还有一种情况是肺部窒息，颈动脉喷涌出的血液会流入气管，并随着气管进入人的肺让人无法呼吸，人就会像溺水一样窒息而亡，但是发生这种情况的概率不大。

所以，影视剧中被割喉者血液喷射的情景，会误导观众认为他们是因瞬间失血过多而死，让人觉得既惨烈又悲壮。但真实情况是，被割喉者往往是死于失血导致脑缺氧或者失血性休克牵连心源性休克，以及很少发生的肺部窒息。

L ink 冷知识·链接

每个人都测过血压，但血压到底意味着什么呢？

血压意味着如果人的动脉破裂之后，血液会像滋水枪里的水一样被滋出来。一个正常的人头颅被砍下，他的血液喷射范围可能达到 2 米的距离。

02 溺水者会像得了肺病一样死亡吗？

早年屈原备受楚怀王信任，常与其商议国事，在屈原的努力下，楚国国力有所增强。但是屈原却因为性格耿直遭到了其他大臣的陷害，进而被楚怀王疏远，最后被楚怀王流放。

直到公元前 278 年，秦国攻入楚国国都。屈原的政治抱负破灭，国破家亡的悲惨命运让屈原走上了以死明志的道路，最终他投汨罗江自杀了。

每到炎热的夏天，大家都想去游泳池或者海边感受一下清凉，媒体每年都会报道许多溺水事件。世界卫生组织的数据显示，我国每年被水淹死的人数超过 5 万，其中包括自然灾害死亡和游泳死亡等。

所以大家在游泳时一定要注意安全，要去有救生员的泳池或者海边，千万不要去无人看管的河边和水库等地方游泳。

那么，溺水的感觉究竟是怎样的？大家首先想到的肯定是窒息，那么溺水和我们现在用手捏住自己鼻子的感觉一样吗？

下面就为大家解答这个问题。

T ruth 冷知识·真相

根据溺水者肺内的灌水量，溺水分为干性溺水和湿性溺水。干性溺水是指人入水后受到强烈刺激，引起喉部痉挛，呼吸器完全闭塞而导致的窒息身亡。湿性溺水是指人入水后短时间内吸入大量水充塞胃部和肺部导致的窒息身亡。

无论是什么原因导致的溺水，不可否认的是，其中的大部分人出于不可抑制的本能都会在水中拼命挣扎。因为紧张，呼吸也会变得比平时更加急促。在这个过程中，溺水者会大口吸气，拼命摆动自己的四肢，往水面伸头，挣扎时间最长可达 10 分钟，最短也有 2～3 分钟，严重心血管病人除外。

被水淹没之后，淹溺者起初会屏住呼吸，在这一过程中，淹溺者会反复吞水。随着屏气的进行，淹溺者会出现缺氧和高碳酸血症。喉痉挛反射可能会暂时地防止水进入肺内。然而最终这些反射会逐渐减弱，水被吸入肺内，溺水患者因缺氧继发意识丧失、呼吸停止，并最终发生心脏骤停。大多数溺水者的心脏骤停机制是缺氧，而非心律失常。此时逆转缺氧可以防止心脏骤停，如不能及时得到救援，溺水者会死亡。

L ink 冷知识·链接

我们经常在电视剧中看到有人不小心溺水后在水中喊"救命"的场景，溺水者的声音往往会被岸边的人听到，因而获救。

实际上，人在溺水时会紧张，肌肉会变得僵硬，嘴巴没入水中再浮出水面，中间是没有时间呼气、吸气和呼救的，这时人会喊不出来。而且溺水时大脑处于半昏迷状态，人无法呼救，所以溺水者一般都很安静。

因为溺水者会本能地将双臂伸到两侧，向下压，想让头浮出水面，所以他们也没法挥手求救。

溺水者在水中的样子反而像没有溺水，常常是呈直立状态，头在水中，嘴巴在水面上，也可能头后仰，嘴巴张开。

03 勒死和缢死有什么区别？

美国一警察局接到一起报案，一女子声称其丈夫在家中上吊自杀。警察到达后对现场进行了勘察，迅速排除了被害人上吊自杀的可能性。

经过调查，警察发现报案女子和同住一区的另一名男子合谋作案杀死丈夫的可能性很大，于是就对二人进行了传唤和审讯。

很快，二人就承认了勒死受害人并将其伪装成自杀的犯罪事实。原来，男子成为报案女子的情夫已经有一年多了，两人的事情被女子丈夫撞见了，于是女子和情夫就将丈夫勒死并伪造了丈夫上吊自杀的假象。

机关算尽终成空，二人的罪行最终还是被警察识破，落入了法网。

我们在电视剧中也曾见过类似的情节，因为被人勒死与上吊自杀所造成的伤痕有很多的相似之处，所以自作聪明的凶手就会像案例中的妻子和情夫一样，将现场伪装成上吊自杀的景象。

但不论是电视剧还是现实生活，真相都逃不出法医、警察的鉴定，罪犯终会落入法网。虽然勒死和缢死的伤口看起来比较像，但是仔细观察的话还是可以发现很多不同的细节。

Truth 冷知识·真相

凡因机械性外力的作用，使鼻孔、口腔被阻塞或闭合，或呼吸道被压闭，或胸腹部受挤压，导致呼吸障碍、全身缺氧，特别是脑缺氧和二氧化碳潴留称为机械性窒息。

机械性窒息的分类有：（1）压迫颈项部所致的窒息，包括缢死、勒死和扼死等；（2）封闭呼吸孔道所致的窒息，如捂死；（3）异物堵塞呼吸道所引起的窒息，如固体异物堵塞咽喉或呼吸道所致的哽死；（4）挤压胸腹部所致的窒息，包括挤死、踩死、压死、活埋致死等；（5）液体吸入呼吸道所致的窒息，如溺死；（6）环境缺氧所致的窒息，如长期关在小空间内，或头部被塑料袋套住所引起的缺氧窒息。

勒死指以条索物缠绕颈项部，交叉勒紧压迫颈项部造成的窒息死亡。勒索以绳索最为常见，或其他能绕颈的索状物。勒死常见的方式是将勒索两端交叉，以相反方向用力牵引；亦有一端固定在其他物体上，一端收紧；或用小棍绞紧绳索达到勒颈目的。勒索缠绕颈项部的匝数多，绳索间互相扣紧不易松脱，故此也有不打结者。

缢死指利用全部或部分自身体重，使套在颈项部的绳索或索状物压迫颈项部所引起的窒息性死亡。

绳套分为固定型、滑动型和特殊型。

勒死与缢死的区别：

（1）索沟位置：勒死——甲状软骨下方；缢死——舌骨与甲状软骨之间；

（2）索沟方向：勒死——多水平状；缢死——着力处水平、两侧向上倾斜；

（3）索沟深度：勒死——深浅较为一致；缢死——着力处深，颈提空处较浅；

（4）索沟出血：勒死——多出血，颜色较深；缢死——多不出血；

（5）颈部骨折：勒死——甲状软骨、环状软骨纵向骨折；缢死——舌骨大角、甲状软骨上角骨折；

（6）颈部软组织损伤：勒死——肌肉多有断裂或出血，颈总动脉无明显损伤；缢死——肌肉多无断裂出血，颈总动脉分叉下部内膜有横向裂伤；

（7）舌尖：勒死——舌尖多外露；缢死——舌尖多不外露；

（8）颅内淤血：勒死——脑组织、脑膜淤血明显，常伴出血；缢死——脑组织、脑膜淤血不明显；

（9）颜面征象：勒死——颜面青紫，肿胀，眼睑常有出血点；缢死——颜面苍白，眼结膜出血点不明显。

L ink 冷知识·链接

扼死指用手或肢体其他部位或器械压迫被害人颈部，使其窒息死亡，又称掐死，属于他杀。扼死形态学改变：颈部损伤，扼痕明显且深部出血，骨折，颜面青紫肿胀，眼结膜出血，有抵抗伤。

我们经常在电影中看到扼死的场景，那实际上扼死一个人容易吗?

事实上并不容易。即便是掐到了颈部两侧的颈动脉窦,那也需要 6～10 分钟才可以致死!如果被掐的人是处于昏迷状态下,也要拼尽全力花费 4 分钟左右。要是当事人是醒着的,被掐的人会不停地挣扎,所以想要掐死一个清醒状态下的人并没有那么容易,除非对方本就只剩下小半条命。

04 死于脱水会怎样?

1980 年 5 月 8 日,经政府批准,著名科学家彭加木率领一支名为"中国罗布泊考察队"的队伍向罗布泊进发,试图穿越全长 450 千米的罗布泊。

罗布泊曾经是我国第二大内陆湖,但是在 20 世纪中后期因为流入湖泊的塔里木河流量减少,罗布泊沙漠化严重,开始迅速干涸。到 20 世纪 70 年代末时,罗布泊已经完全干涸。

彭加木率领的考察队刚进入罗布泊时,收集到了许多珍贵的一手资料,采集了许多生物土壤标本和矿物化石。

6 月 16 日,科考队因严重缺水和缺汽油被迫停止前进。队长彭加木和队员发生争执,他不想请求救援,因为科考队经费有限,让军队送水和油过来一次至少要花费 7000 元,但是最终彭加木妥协了。

6 月 17 日上午九点,科考队接到部队的回复,部队同意了他们的请求并且要求提供营地坐标。当天下午一点,科考队的司机王万轩到车里取衣服时发现了一张纸条。上面写着"我往东去找水井"，落款是"彭 17/6，10：30"。

自那之后，中国科学院四次派出考察队伍寻找彭加木，却再也没找到这位科学家。

这不是第一次，也不是最后一次有人在罗布泊失踪。1990 年，哈密有 7 人乘坐一辆客货小汽车去罗布泊寻找水晶矿，一去不返。两年后，人们在一个陡坡下发现 3 具干尸，其他人下落不明。

1996 年 6 月，探险家余纯顺在罗布泊徒步探险失踪。直升机发现他的尸体时，法医鉴定已经死亡 5 天了，因干渴而死。

在沙漠中，高温很容易导致人体脱水，如果不能及时补充水分，甚至会有死亡的危险。

人类身体的 60% ～ 70% 都是由水构成的，水是保持身体健康至关重要的物质，它可以维持大脑功能，促进血液流通，帮助肌肉活动。水是排除人体酸毒的最佳溶剂，当人感到口渴时，体内已经严重缺水了。

Truth 冷知识·真相

脱水是指人体由于饮水不足或消耗、丢失大量水而无法及时补充，导致细胞外液减少而引起新陈代谢障碍的一种临床综合征。

如果你在一个很热的房间里运动一个小时没有喝水，大概就会失去相当于体重的 2% 的水分。这是脱水的初级阶段，你会感到口渴，身体会努力留住其余的水分子，你的肾脏向膀胱输送的水分更少，导致尿液浓度变高、出汗减少。

这种情况下，身体的温度会上升，血液会变得黏稠，流动速度减缓。为了维持人体所需的氧气，心跳会加快。

脱水的第二个阶段，人体会失去相当于体重的 4% 的水分，相当于两天没有喝水，这时皮肤会出现褶皱，血压会下降，基本已经停止出汗，人会陷入昏迷状态。

人体失去相当于身体重量的 7% 的水分时，进入脱水的第三个阶段。为了维持生存，人体向重要器官输送的血流量开始减少，比如肾脏、肠道等，器官会受到损伤。

脱水的最后一个阶段，就如同人 5 天没有喝过水或者在 90 摄氏度的高温下连续奔跑 11 个小时而没有喝水，这时肝脏会衰竭，有毒物质会迅速在血液中堆积，人随时有死亡的危险。

L ink 冷知识·链接

脱水是指人体大量失去水分和钠元素引起细胞外液严重减少的现象。

当我们处于高温环境中、发高烧或者大量出汗时，我们的身体失水多于失盐，因此这种脱水叫作高渗性脱水。对于这种情况，如果能及早饮水，就可以得到缓解，严重时可以向患者滴注 5% 的葡萄糖溶液。

严重呕吐、腹泻、大出血等会导致我们的身体失盐多于失水，这种脱水叫作低渗性脱水。这时需要向患者注射生理盐水。

等渗性脱水指的是失水和失盐程度差不多，这种也是临床上最常见的。呕吐和腹泻引起的脱水多半是这种，这种情况可以向患者输生理盐水和 5% 的葡萄糖溶液进行治疗。

05 为什么冻死的人仿佛在微笑?

解缙是明朝第二位内阁首辅，字大绅，号春雨、喜易，他所主持编纂的《永乐大典》，是中国最大的一部类书，被学术界称为"辑佚古书的渊薮"。

解缙是洪武二十一年（1388 年）进士，初入官场时，颇受重视。1390 年，朱元璋杀了开国六国公之首李善长，满朝文武只有解缙一人为李善长求情。朱元璋就此将解缙赶回家，不再重用。

明成祖朱棣登基后再次启用解缙，可惜很快解缙又因为自己的耿直性格卷入了皇位继承权的斗争，并因此而被朱棣猜忌。加上他平时得罪的人落井下石，他被贬到了安南。

永乐十三年（1415 年），锦衣卫纪纲上报囚犯名册，朱棣看到了解缙的名字，便问道："解缙还在呢?"纪纲一听便明白了成祖的意思，当晚就将解缙灌醉，拖到了积雪中。一代才子就这样被活活冻死了。

解缙死时脸上还挂着笑容，似乎是对自己坎坷人生的苦笑。

古今中外，被冻死的人数不胜数，大家从他们身上发现了一个奇怪的现象，就是每个冻死的人都好像在微笑。即使是在童话故事《卖火柴的小女孩》中也不例外，小女孩最终也是含笑死去的。

这种奇怪现象的原理是什么呢？

如果说人在死前见到了美好的人和事，但是也不可能这么多人在回光返照的时候都看到了美好的事物吧，毕竟死亡终归是一件很痛苦的事情。

而且天冷了，人们就会多加些衣服，这是本能。但是一些冻死的人却会在临死前脱掉自己身上的衣服，这种反常的现象又是怎么回事呢？

Truth 冷知识·真相

当温度逐渐降低时，人类大脑的神经系统会处于非常亢奋的状态，对寒冷会非常敏感。为了减少靠近皮肤表面的血液温度流失，身体的皮下血管就会收缩，血压开始慢慢升高，血液也从表层开始向深层流动。

这种情况下，我们的身体开始出现不适，呼吸都会变得很急促。

当人的体温低于33摄氏度时，人就会出现幻觉，感觉自己很热，下意识地脱掉身上的衣物，这是下丘脑的体温调节中枢在发挥作用。

为了保证大脑的血液充足，身体会减少对四肢和躯干的血液供给。体液的调节使下丘脑的散热中枢兴奋，从而导致头部周围血管扩张，使处于寒冷中的人产生一种与现实环境不符的热感，还会出现面红耳赤的情况。

冻死的人在死前常常会哈气来让自己感觉暖和一点，这样就会出现面部肌肉扩张的现象。肌肉扩张和面红耳赤，就给人一种死者似乎在微笑的状态。

L ink 冷知识·链接

人被冻死以前会出现低体温综合征，身体机能会自动调节，减少对四肢的血液输送，当体温继续下降时，会出现肌肉僵硬、颈项强直、心输出量减少、低血压、行动过缓、心房颤动甚至心室颤动、呼吸变缓变浅，出现呼吸性酸中毒、少尿、急性肾小管损害等等，直至体温低于 32 摄氏度进入濒死状态。

06 头部离开身体还会思考吗？

1898 年 9 月 28 日，北京宣武门外的菜市口可以称得上是万人空巷。据说有六个反慈禧太后的秀才要在那里被砍头，男女老少都过来观看。

负责监斩的行刑官是慈禧老佛爷面前的红人——军机大臣刚毅。作为保守派的代表，刚毅常常向太后控诉康有为和梁启超搞的变法让朝廷乌烟瘴气。没过多久，太后就痛下杀手了。

六辆囚车直奔菜市口，车上的犯人分别是康广仁、谭嗣同、杨深秀、刘光第、杨锐、林旭。都说砍头是一刀毙命，实际上，杀官吏的刀和杀老百姓的刀是不同的。官越大，用的刀就越钝，对于当官的来说，与其说是砍头，不如说是锯头，其痛苦可想而知。

可是再看这等待行刑的六人，面对钝刀与死亡，神态自若，昂首挺立，乃真英雄也，不愧后人将其称为"戊戌六君子"。

菜市口是我国明、清两代京都著名的法定刑场，不知道有多少囚犯命丧于此，其中执行最多的就是斩首的刑罚。手起刀落，头和身体就分了家。

我们都知道，将蛇头砍下来，分成两部分的蛇还能动。那分成两半的人呢？

《三国演义》中，吕蒙斩杀关羽后，孙权将关羽的人头献给曹操，曹操看后很是伤感，对着关羽的头颅说："云长别来无恙。"关羽突然张口眉动，须发皆张，把曹操吓得不轻。

虽然这段描写有些夸张，并不可信，但是有很多人都想知道头部和身体分开后，大脑还有没有意识。

T ruth 冷知识·真相

2011年1月，荷兰科学家用脑电图测试了老鼠砍头后大脑的情况，结果显示，砍头后的老鼠大脑保持了4秒的清醒意识。还有一些哺乳动物掉脑袋后的意识甚至可以保持长达 29 秒。

为了知道头被砍掉后是否还会有意识，法国"化学之父"拉瓦锡决定亲身体验一下。"法国大革命"时期，拉瓦锡受到迫害入狱，不久后被判处死刑。他和刽子手约定，当他的头被砍下来后，让刽子手盯着他的眼睛，以眨眼为信号，这样就能看出斩首后的脑袋是否有意识，并且意识有多长。

拉瓦锡一共眨了 11 次眼睛，这是他留给后人的最后一次研究。

要研究切下来的头是否还有意识，我们首先要知道把头切下来，人的死因是中风。中风的定义是指由于脑部供血受阻而迅速发展成脑功能损伤。砍头就是最极端的中风。

砍头后，由于瞬间大量失血，缺少氧气和养分，大脑大概只需几秒就到了昏迷状态，失去了意识。但是在无意识状态下，我们还有反射系统，在失去意识后的几秒内，还会做出下意识的恐惧、厌恶和鄙视的表情。在还没有失去意识的那几秒，因为整个脊椎已经没有了，所以大脑不会有疼痛感，而是会感到震惊。脖子以下没有了，身体的反应会和中风很像。

07　服用安眠药后的真实情况是怎样的？

电视剧《我的前半生》中，家庭主妇罗子君原本沉浸在自己的幸福生活中，但有一天丈夫陈俊生突然提出了离婚，并承认自己另有所爱，打破了她美满的婚姻。她无法接受这个残酷的打击，精神临近崩溃的罗子君，想好好地睡一觉，让自己放松一下，也短暂地逃避这个现实。她用酒送服了两片安眠药，沉沉地睡了过去。幸好，贺涵及时出现，把她送到医院去洗了胃，这才什么事都没有发生。

影视作品中出现用安眠药自杀的场景时，大多是人在吞药后，会躺在床上，然后慢慢就睡着了，再也没有醒过来。

所以有人认为吃安眠药是痛苦最小的死亡方式。但是，影视剧中的描写手法其实都是被艺术化了的，真实的服用安眠药的场景并不是这样。

因为安眠药食用过多一般不会致死，即使是服用过量的安眠药，也不会立刻导致死亡。在这段时间里，很有可能被家人或者朋友发现并送到医院去洗胃。

安眠药能否致人死亡取决于很多方面。第一，安眠药是笼统的镇静催眠类药物的俗称，不同药物的药效都是不一样的，致人死亡的药量也不同；第二，不同的人对同一种安眠药的反应也是不同的，服用同样剂量的药，有的人可能要睡几天几夜，有的人却可能毫无睡意。一般安眠药的致死量是 100 片，但是曾经有人服用 300 片，也被抢救回来了。

服用安眠药自杀是非常痛苦的。因为吃了安眠药之后，人会意识模糊，但中途会醒，然后想喝水，过五六个小时之后才会再度昏迷。

药物会在人体进入半睡眠的状态下刺激胃部而引发呕吐。因为神经被麻痹，人不能动，呕吐物会进入肺部和鼻腔，引起巨大的呼吸痛苦和肺部灼烧感。这样的痛苦会持续 15 分钟左右。

而且服用过量安眠药会伤害大脑，即便被抢救回来，醒了之后也会留下后遗症，可能引起记忆力减退、行动迟缓，甚至出现痴呆症状。所以服用安眠药自杀实在是不明智的行为。

08 粪坑如同沼泽一样危险吗？

晋景公名叫姬獳，是我国春秋时代晋国的一位君主。公元前599 年，晋景公继承其父晋成公的君王之位。晋景公晚年将国都由绛迁往新田，并将其改称新绛。之后发兵消除专政的赵氏家族，取得了公室对卿族的第一次胜利。

晋景公晚年时得了心脏病，一次他做了一个噩梦，醒来后他召巫师来询问。巫师算过之后说他吃不到今年的新麦了。

不久后，晋景公病情加重，向秦国求医。秦桓公派名医医缓来给晋景公医治。

医缓到之前，晋景公又做梦梦到疾病变成了两个小孩，一个说："那人可是良医啊，恐怕会伤到我，咱们要逃跑吗？"另一个回答说："只要我们躲到'肓'的上面、'膏'的下面，他能将我们怎么样？"

医缓到了晋国，给晋景公看过病之后说，景公已经病入膏肓，无法医治了。晋景公认为医缓是良医，遂赠以厚礼并让人护送他回国。

不久之后，晋景公想吃麦子，就让人送来新麦。厨师将送来的新麦做成饭呈上来后，晋景公想起之前巫师说自己吃不上新麦，觉得他说得不对，就下令将巫师杀掉了。

晋景公在吃饭前感觉到肚子胀，就去上厕所，结果却掉到粪坑里淹死了。

掉到粪坑里淹死真的是一种让人匪夷所思的死法。除去恶心这层不说，可以先来思考一下屎和水哪个浮力大。

粪是液体和固体的混合物，水是液体，所以粪的密度显然要比水大很多。因为"浮力 = 密度 × 排开液体的体积 × 重力"，所以在排开液体的体积和重力不变的情况下，密度越大，浮力也就越大。

那既然粪的浮力比水大很多，不顾一切地往上游的话还是有获救的可能的，那晋景公为什么还会在粪坑里死掉呢？

T ruth 冷知识·真相

在沼泽地、污水沟或粪池里，经常可以看到有气泡冒出来，如果划着火柴就可以把它点燃，这类气体就是天然沼气。

粪坑中就有这种天然沼气。沼气是有机物质，是人畜粪便、秸秆、污水等在厌氧的条件下，经过微生物的发酵作用而生成的一种可燃气体。其主要成分是甲烷、二氧化碳、氮气、氢气等。

厕所中的沼气其实是没有毒的，但是沼气中所含的甲烷浓度高，氧气含量较少，会造成缺氧，使人发生窒息，严重者会导致死亡。如果空气中的甲烷含量达到 25%～30%，就会使人产生头疼、头晕、恶心、注意力不集中、动作不协调、四肢发软等症状。如果甲烷含量超过 45%～50%，则会造成人体因严重缺氧而出现呼吸困难、心律不齐、昏迷以致窒息死亡。

上文中的晋景公因为有病在身，身体本就虚弱，在氧气不足、甲烷过量的情况下就很容易产生头晕和窒息的感觉。

L ink 冷知识·链接

天然气的主要成分也是甲烷，其含量可以达到 80% 以上。

天然气的使用和我们每个人息息相关，天然气泄漏也会引起中毒现象。甲烷中毒时，首先要立即将中毒者抬离中毒环境，移到通风透气的地方，平卧患者，解开其衣领腰带，保证中毒者呼吸、心跳情况，同时注意保暖。症状轻者一般需要几分钟，中毒症状基本可以缓解。中毒症状重者，还应进行吸氧，然后送往医院进行治疗，有昏迷情况，可以针刺人中、涌泉穴促使其苏醒。如果出现呼吸困难，还应进行气管插管，呼吸兴奋剂治疗，同时还应防止脑水肿发生，可以给予甘露醇静脉滴注，有条件者还可用高压氧舱进行治疗等。

09　螺旋桨吊扇能够切掉人头吗？

2004 年 3 月，一名佛罗里达州的男子阿学里，在杰克逊维尔市的弗拉格勒飞机场学开旋翼机。

飞机正准备在跑道上降落时，这架有着 10 年寿命的飞机突然出现了故障，螺旋桨上的一片桨翼飞了出来。飞速旋转的桨翼如一把砍刀，正好砍在 54 岁的阿学里头上，导致他当场死亡。阿学里旁边的飞机教练也因此受了重伤。

当地机场负责处理紧急情况的驾驶员声称，旋翼机的桨翼之所以会掉下来，是因为当时风太大，螺旋桨又太轻，快速转动的螺旋桨抵不过大风的猛烈袭击，就飞了出来。

高速旋转的飞机螺旋桨可以切掉人头，这是肯定的。那么和螺旋桨外形类似的吊扇呢？

相信有很多人和我一样都想过这个问题，房间里的吊扇如果掉下来会对我们造成什么样的伤害呢？会不会也能把我们的头切下来呢？

Truth 冷知识·真相

有人曾做过类似的实验去探究电扇可能给我们造成的损害。他用假替身来模拟人，为了使替身和人体无限接近，实验人员用猪脊骨来代替人的脊柱，在外面绑上灌满了假血的乳胶动脉，用真正的人类头骨和组织替代胶做成头部，再加上外层的乳胶皮肤，这样就做成了"假人"。

在面对功率 20 ~ 70 瓦特的吊扇时，假人的头部只是被打得晃动了一下，没有造成过多伤害。相反，在打到替身后，吊扇被阻挡得逐渐停了下来。实验者将吊扇换成 70 ~ 100 瓦特的，转速也是之前吊扇的两倍。这次的结果比上次严重得多，扇叶重重地击打着假人的头部，成功切开了头部的表皮，头骨也裂开了。如果从侧面切到颈部，扇叶如刀片一般轻松切开了假人的喉部和大动脉。虽然没有切断整个颈部，但如果是真人就必死无疑了。

综上所述，大功率的吊扇还是有一定的危险性的。但是实验和现实情况肯定不会完全一样，现实生活中，吊扇掉下来时会将电线扯断，在下落过程中，由于吊扇内部的摩擦力，吊扇不会达到实验中展现的杀伤力。但是现实情况比实验多了一个砸的过程，吊扇在撞击到人体后会对人体表皮以及内部的肌肉和骨骼造成一定的物理性损伤。

10 被呕吐物呛死和被雷电劈死哪个更难受？

武乙是商王庚丁的儿子，庚丁死后，武乙在公元前 1147 年继位，在位 35 年。

武乙作为商朝后期的一个重要君王，努力进行了挽救其王国统治的举措，但成效不大。武乙在神权政治向王权政治转变的过程中起到了表率作用，但是他天性残暴、贪图享受，被后人评价为一代昏君。

相传武乙曾制作过一个人偶，称之为"天神"，然后让旁人替"天神"走棋，与自己下棋。如果"天神"输了，武乙就对人偶"天神"极尽侮辱。武乙又用皮革制作了一个袋子，袋子里盛满血，挂在高处，然后用箭射中它，称此为"射天"。

武乙的行为引起了天神震怒。一天，武乙走在黄河与渭河之间，突然一个雷劈下来，将他劈死了。武乙死后，殷商就更加衰落了。

我国古代素有"天打五雷轰"的说法，认为如果有人做了坏事，就会遭雷劈。信奉科学的人们自然不会相信这种说法，但是被雷劈这件事却是时有发生的。被雷劈的人不一定是坏人，却一定是倒霉的人。

被雷劈，实际上是一种电击现象。

根据美国国家海洋和大气管理局的统计，一个人在一年中被雷电击中的概率是四十万分之一，被雷电击中且死亡的概率是七十万分之一。所以，被雷劈死的概率其实是微乎其微的。

奇怪的、概率很低的死亡方式除了被雷劈，还有被自己的呕吐物呛死。

美国佛罗里达州的一家爬虫商店举办了一场吃活蟑螂大赛，奖品是一条蟒蛇。32岁的爱德华·阿奇博尔德赢得了这场比赛，但是没过多久他就开始呕吐，倒在了商店门口。被送往附近的一家医院后不久便被宣布死亡。

验尸结果显示，阿奇博尔德是被自己呕吐出来的蟑螂碎片呛死的。

这两种奇怪的死法，各自的原理是什么呢？究竟哪个更令人难受呢？下面我们就来解答一下这个问题。

Truth 冷知识·真相

每年地球上空会出现31亿多次闪电，平均每秒钟出现100次以上。雷电的电流强度平均可达2万安培电流，最大电压可达10亿伏特。

那些不幸被雷劈死的人在被劈中的瞬间就死了，根本来不及感受痛苦。

而关于被呕吐物呛死。人体的鼻腔、口腔、咽腔和喉腔等是连通的，嘴里的软腭（俗称"小舌头"）会在需要时对鼻腔和口腔进行分流。比如在吞咽时，小舌头会向上向后将鼻腔和口腔分开，这样我们吞咽食物时就不至于反流到鼻腔。

喉腔上部也有一个小盖子名叫会厌。当吞咽时，喉头向上，会厌向下关闭喉腔，使食物顺利进入食道。通常情况下，这些部位有丰富的神经进行支配，能协调完成各项工作。但如果我们边吃东西边说话，偶尔就会有食物呛入鼻腔和气管的情况发生。

当我们呕吐时，胃里的食物和水分急促地从食道反流而上，有时我们的软腭来不及反应去关闭鼻孔，呕吐物就会因此进入鼻腔。鼻腔被挡住，会令人产生窒息感，如果在这时控制不住自己，用鼻子吸气了，鼻腔中的呕吐物就会进入气管，进而进入肺部。

这种情况就像呛水一样，不过呕吐物比水更加黏稠，而且伴有颗粒物，不容易及时处理。所以相比之下，被呕吐物呛死会更痛苦。

11 拿走哮喘病人的吸入器会导致他死亡吗？

邓丽君是华人音乐历史上不可替代的一位巨星，她不仅影响了中国流行音乐的发展，更在文化领域里影响了华人社会。她是一位歌者，也是一个文化符号。

邓丽君14岁就步入歌坛，可造化弄人，她15岁那年犯了哮喘。虽然之后在邓丽君近30年的歌坛生涯中，没有听说过她哮喘发作的消息。可在1990年，已经淡出歌坛的邓丽君得到了父亲逝世的消息，在巨大的打击之下，她大病一场，也诱发了哮喘。

5年后，邓丽君因哮喘病发作在泰国清迈去世，而救命药——支气管扩张剂却没有带在她身边。

哮喘是一种以呼吸困难和喘息作为主要症状的呼吸道疾病，常在夜间或者清晨发作。它的典型症状是突发突止，患者可能会在接触一些花粉或刺激物后突然发生胸闷、气短、喘息等症状。哮喘控制不佳对日常工作和生活都会有影响，可导致误工、误学、活动受限等。

我们在影视剧中常常见到哮喘病人会随身携带一个吸入器，每当发病的时候就会将它拿出来对着自己的嘴喷几下。如果有反派故意将吸入器偷走或者将里面的药换成其他的东西，往往会导致哮喘病人的呼吸急促不能及时缓解，甚至造成死亡的严重后果。但事实果真如此吗？

Truth 冷知识·真相

哮喘病人随身携带的吸入器其实是由一个压缩气体罐和一个喷雾头组成，里面的药是一种应急的扩张剂，主要用于缓解哮喘患者的支气管痉挛。现在市面上比较有效、用得比较多的是万托林。

如果哮喘患者短期或者偶尔忘记用药，一般情况下不会产生非常严重的后果。因为多数患者较轻微的发病是可以自行缓解的，但是发病的过程会非常痛苦，而且可能会持续几分钟至几天不等。而一旦急性发作，不及时给药或者处理不当，就会很危险。

哮喘猝死是指哮喘突然急性严重发作，患者在两小时内死亡。要防止哮喘猝死，一定要长期规律用药。

总而言之，拿走哮喘病人的吸入器不一定会导致他死亡，只有发病严重并且很急的情况下得不到及时缓解才有可能会致死。

L ink 冷知识·链接

哮喘病的病因很复杂，目前仍未十分清楚，以目前的医学水平还不能将哮喘病根治。

患哮喘病其实是非常难受的。哮喘病人发作时，会呼吸困难，如果不能及时缓解，会喘个不停，再加上它没法根治，导致很多人谈"喘"色变。

但是只要控制得当，哮喘病患者想要像正常人一样生活是完全有可能做到的。哮喘病是一种慢性气道炎症性疾病，因此，对哮喘病进行抗炎治疗就显得非常重要，而急救用的万托林等药物是用来扩张支气管平喘的，抗炎作用微乎其微。哮喘病人需要在非急性期进行抗炎治疗，只要治疗得当，哮喘病是可以控制的。

12 割腕容易变成傻子吗？

2014 年，全国传销案件猖獗，以李某为首的传销团伙开始在全国范围内发展传销窝点，通过相亲、介绍工作等方式诱骗、发展下线，并且采用暴力手段对他们进行控制。

2018 年，一名女孩到公安局报案，称自己的朋友以找工作为理由将她骗到了外地，随后她就被一个传销窝点的人员控制了。在此期间，这名女孩遭到了持续的恐吓和殴打。

女孩来报案的时候，头上、脸上都有伤，手腕也包扎着，她说她割腕自杀了，犯罪分子才将她放了出来。

顺着女孩给警方提供的线索，警察将这个传销组织的 10 多处传销窝点全部捣毁，抓获主要犯罪嫌疑人 584 人。

案件中的女孩是不幸的，她交友不慎，被朋友骗到了传销组织中。但她又是幸运的，有很多深陷传销组织中的人无法脱身，而这名女孩通过割腕的方式逃了出来。

割腕是一种听上去就很疼的自残方式，很多影视剧中演员表达绝望时会用到这种方式，现实生活中也有人在遇到难以承受的痛苦时，会选择用这种方式来逃避现实。

T ruth 冷知识·真相

正常状态下，人体血液凝固的时间是 4～12 分钟，人体手腕的动脉不是主动脉，割脉的话，血还没流多少就凝固了。除非自身有凝血功能障碍才会导致大出血死亡。

实际上，割腕自杀的死亡率不足 5%，反而因割断手部神经导致残疾的有很多。

人体的腕关节掌侧的中间部位有一条正中神经，正中神经是手的三条神经之一，其主要任务是对拇指和小指以外的三个半手指进行感觉、运动，一旦出现问题就会导致手指的功能障碍，如麻木、肌肉无力、肌肉萎缩等。它的位置较为表浅，切断的话容易造成手部残疾。

L ink 冷知识·链接

如果我们见到割腕的人，要先想办法帮他止血。

尽量使用纱布或者毛巾等直接压迫伤口止血，因为腕部动脉不是特别粗，压力不是特别大，压迫止血的效果通常很好。如果没有绷带，就用手直接压迫伤口出血的地方，也可以止血。

不要用绳子或毛巾勒住上臂，这种压力不足以压迫动脉。相反压迫静脉后，出血会更快。

13 高坠的过程中人在想什么？

位于美国旧金山的金门大桥是世界闻名的桥梁之一。目前已有超过 2000 人在此自杀丧生。

从海面到桥中心部的高度约为 67.84 米，从这么高的地方跳进水里，绝大多数人都当场丧生，尸体也会被海水带走，最后都找不到了。即使有人没有立即死亡，也会因为内脏被水面撞裂，溺水而亡。

凯文·海因斯是个孤儿。在他的童年接近尾声的时候，他被一对善良的夫妻收养。17 岁时，凯文的精神开始出现问题，他变得难以控制自己的情绪。

他决定从金门大桥上跳下去，但是当他跃出去的那一瞬间，他突然后悔了。"感觉有 25 层楼那么高，大概在空中飞了 4 秒，我重重地拍向水面，那是我这辈子经历过的最大的疼痛，好像所有的骨头都同时碎了。死亡真的是特别痛苦的事，一旦你体验到这种痛的话，我相信你绝对不会尝试第二次。"这是凯文幸存下来后接受采访时说的一段话。

研究发现，每个自杀的幸存者都会提到自杀的瞬间会立即产生后悔的想法，并产生想要活下去的念头，可不是每个人都像凯文这么幸运能拥有第二次机会。

据中国心理卫生协会资料显示，自 2000 年以来，每 2 分钟就有 1 人自杀、8 人自杀未遂，每年约有 25 万人死于自杀，至少有 100 万人自杀未遂。尤其是在 15～34 岁的人群中，自杀是首位死因。

高坠的时候，人不会那么快丧失意识。而且高坠必须是头部撞地才可能直接死亡，否则，就算内脏受到冲击，最起码也要承受 2～3 分钟的痛苦后才死亡。

高坠的人往往会七窍流血，死状不雅。如果砸到楼下的人，还会伤及无辜。如果不小心摔在了缓冲物上，比如铁丝网、绿化带等，不仅死不了，还会痛不欲生。

就像飞机在万米高空中发生爆炸后却没摔死的塞尔维亚空姐乌洛维奇，她头骨裂成了两半，三根椎骨粉碎性骨折，手脚全部骨折，但是她却奇迹般地活了下来。

关于自主高坠的人在半空中会不会后悔的问题，相信绝大多数的人是一定会后悔的，可是后悔已经晚了。就算侥幸没死，日后也会留下一系列的心理和生理上的后遗症，残疾和瘫痪的情况是很常见的。

14 人真的会被活活气死吗？

北魏孝文帝共有两位皇后。第一位叫冯媛，公元490年，23岁的孝文帝在冯太后病死后终于开始执掌政权，全面推行改革：一是迁都洛阳，二是颁均田令，三是说汉语、改汉姓，四是不杀太子母。皇后冯媛拒不说汉语，孝文帝忍痛将其贬为庶人，安顿在瑶光寺。

第二位皇后叫冯润，她早就受孝文帝的宠爱，只是身患皮疹，冯太后怕孝文帝被传染，就将冯润送去当了尼姑。冯媛被贬后，冯润的病也好了。孝文帝对冯润痴情不改，再次召她入宫，封为皇后。

没想到的是，孝文帝率兵南征北战时，冯润竟然和未净身就混入宫的假太监高菩萨私通，甚至连朝政上的事也掺了一脚。冯润的弟弟冯凤想娶孝文帝的妹妹彭城公主，公主不同意，冯润就想让弟弟强娶。

彭城公主偷跑出来，去前线向孝文帝求救，同时也告发了冯润淫乱后宫的丑事。冯润得知公主去找孝文帝，心里害怕，就与其母常氏商议对策，常氏便请女巫施法术，诅咒孝文帝一病不起。此事又被苏兴寿暗中禀告给孝文帝。

孝文帝听到这些事后肝肠寸断，一下就病倒了，最终病死在了南征途中。

我们常听见别人说，"我要被你活活气死了"，正如上文中孝文帝的例子，难道人真的能被气死吗？

我们每个人都有过生气的经历，生气属于情绪的一种。我们每个人对自己的情绪管理程度不同，有些人能够很好地控制自己的情绪，不会轻易被他人所左右。有些人却比较难控制自己的情绪和行为，往往就是这种不会控制自己情绪的人会给他人伤害自己的机会。

T ruth 冷知识·真相

人会被气死的原因是：人生气时受到强烈刺激，过度激活交感肾上腺系统释放大量肾上腺素和去甲肾上腺素，引起血脂水平升高，并激活血小板，促进斑块破裂，诱发血栓形成，发生心肌梗死和脑卒中导致人死亡。交感神经过度兴奋还可引起窦性心动过速、心脏早搏、心房颤动和室速室颤等室性心律失常，都会引起猝死。

意大利学者研究发现，愤怒水平较高的人发生心血管疾病的风险明显增加，而且心肌梗死后存活的患者中，愤怒水平高的人心血管疾病复发风险增加两倍以上，可以把愤怒水平作为未来心血管疾病的重要预测指标。

美国国立心肺血液研究所研究发现，容易发怒的人患冠心病的概率要大大高于整个调查人群。综合来看，目前所有相关研究都提示，具有容易发怒和充满敌意性格特质的人，他们敌意和愤怒的水平越高，对交感肾上腺系统激活程度就越高，对心血管系统的损害也就越大。

15 陷进流沙会死吗？

　　流沙是大自然设计出的巧妙机关，安静地藏在一个角落中等待着猎物。它可能藏在河滨海岸，也有可能就在我们的后院中。

　　美国一栋居民楼内的一楼房间里，地板上出现了一个直径近2米、深约5米的"黑洞"，这里原本是屋主睡觉的房间。

　　最先发现地板塌陷的是他的邻居。邻居凌晨时分回到家，发现房间内的衣柜等物品不见了，刚开始还以为是被贼偷走了，后来才发现房间隔壁出现了塌陷，衣柜等滑入地下了。随后他赶快去敲塌陷房屋的门，但是无人回应，于是他就报了警。

　　警察进入现场了解情况时，房间内再次发生塌陷，一名警察陷入流沙，幸好他反应及时，抓住了塌陷口的边缘，随后同伴找来木棍将他从坑里解救了出来。

　　在一些涉及流沙的电影中，我们常会看到这样的情景，一个人陷入流沙中，不断乞求旁边的人救他，他挣扎得越剧烈，身体陷入流沙的速度就越快，直到最后沙子淹没他的头顶。

　　20世纪60年代，每35部电影中就有一部涉及流沙。我们对于流沙的印象大多数都来自电影，因此一些人会觉得流沙是死亡禁地，只要陷进去，生还的可能性很小。

　　荷兰阿姆斯特丹大学的丹尼尔·伯恩，曾经在伊朗采集了流沙的一小份样品，带回实验室进行研究。他仔细观看和分析了数十部关于流沙吞噬人的电影，发现这些电影对流沙的描述简直是错误百出。

伯恩对流沙样品中黏土、沙子和盐水的组成成分进行了分析，并按照此配方自己制作了"人工流沙"。再将与人体密度相同的铝球放在沙子表面上，结果发现一开始铝球会陷入一小部分。但随着沙子与水的重新混合，混合物的密度随之增加，这些铝球又会重新浮到流沙表面。

Ｔruth 冷知识·真相

研究发现，当物体陷入流沙后，下陷的速度要根据物体本身的密度而定。流沙的密度一般是 2 克 / 毫升，而人的密度是 1 克 / 毫升，在这样的密度下，人的身体陷入流沙中，往往沉到腰部就停止了。

即使是一些密度比流沙大的物体，很多也能浮在流沙上。但是如果物体自身或者环境在不断运动，情况就会发生变化，物体会被流沙吞没。

陷入流沙的人一般都动不了，沙子裹在掉进流沙里的人体下半部，对人体形成很大的压力。以每秒 1 厘米的速度拖出受困者的一只脚需要约 10 万牛顿的力，大约相当于举起一辆中型汽车。

虽然难抽身出来，但是想要在流沙中保持静止状态等待救援却是可以做到的。

流沙只有三种情况会淹死人：

一是当头部先掉入沙中的时候。当然，这种概率非常小。

二是拼命挣扎。人们误以为通过摇动能使身体周围的沙子松动，从而有利于肢体从流沙中拔出来。其实这种运动只会加速黏土沉积，增强流沙的黏性，让受困者越陷越深。

三是当你陷在流沙中等待救援时，附近上涨的潮水随时会有将你吞没的危险。

L ink 冷知识·链接

如果真的不小心陷入了流沙中，应该怎么自救呢？

要是有同伴，就在原地保持不动，等同伴扔一条绳子或者一根棍子过来，将自己拖出流沙。

要是只有自己一个人，首先要做的就是冷静，停止挣扎，卸下身上的重物，减轻身体的负担。然后再观察一下周围有没有树根和草丛，可以拉它借力来移动身体。如果什么都没有，可以慢慢地朝天躺下后，轻轻拨动手脚，用仰泳姿势慢慢移向硬地。感到疲惫时可以伸开四肢，躺着不动，这个姿势可以保持身体不陷下去。

移动身体时必须小心谨慎，每做一个动作，都应让泥或沙有时间流到四肢底下。

16 不睡觉比不吃饭死得快吗？

法国人列尔贝德是一位著名的法学家。

1793 年 1 月，他两岁时，他和父母一起去看路易十六被处绞刑的场面，谁知观众台突然倒塌，导致列尔贝德头盖骨骨折。当他在医院里醒来的时候就再也不能睡觉了。

医生们使出浑身解数都无法使他入睡，同时也找不出一个合理的解释，只能笼统地给出了一个"脑障碍"的诊断。

列尔贝德 73 岁逝世，整整 71 年没有睡觉，而他却以卓越的才能被人们誉为"不灭的法律之光"。

我们都知道一个人最佳的睡眠时长是每天 6～8 小时，但是现在的年轻人都是"夜猫子"，习惯晚睡。由于第二天还要上班，不能晚起，所以会出现长期睡眠不足的情况。

其实睡觉像吃饭一样，也是在给身体补充营养，如果我们只喝水不吃饭，可能在一周左右，身体器官就会开始衰竭。因为身体中的糖分在三天内就会彻底消耗完，然后开始消耗身体中的脂肪，之后是蛋白质。基本上一个月不进食，人就会因身体的能量耗尽而死亡。

那如果正常吃饭喝水，但是不睡觉，正常人能坚持多长时间呢？是不是所有人都可以像列尔贝德一样一直不睡觉呢？

T ruth 冷知识·真相

　　一天不睡觉后，人处于亢奋状态，看什么东西都觉得奇怪和有趣。这是因为人体的大脑边缘系统受到刺激，正在通过增加多巴胺水平来试图补偿睡眠不足，而多巴胺能传递开心及兴奋的信息。

　　但是，当清醒超过 24 小时之后，所有的快乐感将会逐渐消失。人的记忆力开始减弱，反应时间增加，别人可能会觉得你喝醉了。

　　两天不睡觉后，人体的免疫系统和判断力将会受损，会出现恶心和胡言乱语的情况，驱使人体运作的能量也几乎全部耗尽。这是因为长时间不休息使人体失去了代谢葡萄糖的能力，人将会筋疲力尽。

　　连续三天都不睡觉，人就会出现幻觉。因为身体拼命想知道它正在经历的事情，但是体内的正常机能却已经开始停止运转了，此时的你已经无法正常与人交流。

　　人连续 10 天不睡觉就有可能出现猝死，尤其是有冠心病、心绞痛、心力衰竭等情况的患者。首先，劳累可以加重冠心病、心绞痛、心力衰竭，10 天不睡觉，这种情况会加重患者情绪焦虑、紧张，而且还会导致患者劳累。其次，人在 10 天不睡觉的情况下，交感神经兴奋、精神高度紧张，这样的病人随时都可能诱发恶性的心律失常，如室速、室颤等，当发生室颤时会出现猝死的可能。

现在年轻人的睡眠时间普遍不足。有人认为定期减少一些睡眠时间并且形成一种习惯，就不会对身体产生什么影响。但事实上，即使是有规律地减少睡眠时间，也会导致人们患上抑郁症、糖尿病、癌症和脑部疾病的风险增加。

睡眠时，身体会进行限时修复。当你闭眼入睡后，劳累已久的眼球睫状肌终于得到休息，防止了视力下降和"老花眼"提前报到。人体内会自动分泌各种机体必需的因子，帮助增强免疫系统、预防感染等，所以充足的睡眠可以增加免疫力。

另外，睡眠还具有促进皮肤新陈代谢、燃烧脂肪、提高记忆力、让内脏器官得到休息等功能。相反，睡眠不足会令情绪变得容易激动、导致激素分泌丧失规律、影响生育能力等。

17　孕妇死亡后还能生孩子吗?

梅斯克伦是一名埃塞俄比亚的中长跑女运动员，她在2004年参加了雅典奥运会的1500米比赛，但是在预赛中就遭到了淘汰。后来她到了美国继续运动员生涯，参加了很多比赛。

2013年的一天下午，梅斯克伦挺着怀孕8个月的肚子走进了一家中餐馆，点完菜后，她坐在椅子上等服务员打包菜品。没想到就在几秒钟后，她便倒地不起。

救护车很快就到达了现场，但是却没能挽回她的性命，梅斯克伦在被送进医院时就已经死亡了。但是因为在救护车到达前，有名消防队员给她做了心肺复苏，所以医生竟然奇迹般地救活了她肚子里的孩子。

在怀孕期间，母亲和孩子是一体的，孩子得以存活的养分全部来自母体。正常的妊娠时限大约是 40 周，但是在 37 ～ 42 周出生的婴儿都属于足月，怀孕满 28 周、不满 37 周的属于早产儿。

怀孕 28 周及以上的情况下，如果母亲发生意外去世，肚子里的孩子其实还是有可能活着出生的。当然，这就需要医生的高超技术了。如果在不借助外力的情况下，死后的孕妇也是有可能会分娩的，但是生出的孩子多半也是死胎。

Truth 冷知识·真相

如果怀孕满 28 周的孕妇突然死亡，医生有大约 5 分钟的时间来抢救孕妇肚子中的胎儿。这种手术并不复杂，但是必须在很短的时间内完成。因为母亲死亡后，婴儿无法再通过胎盘获得血液，也因此没有了氧气来源，如果不能顺利出生，很快就会死在肚子里。

如果孕妇不是猝死，而是一个缓慢的死亡过程，比如中枪后缓慢流血而死，那医生就有了更多的抢救时间。在母体休克之前，胎儿都不会有危险。如果母体休克，血压就会逐渐降低，送往胎盘的血液也会逐渐减少，胎儿面临的风险也就会变大。

　　上面所说的是在孕妇刚过世就剖腹取出胎儿的情况。对于死后的孕妇，其实是有可能自己"生"出孩子的，不过这就不是自然生产了，而是一种自然现象。

　　由于生命的终止，那些一直寄生在人体内的细菌失去了人体免疫系统的控制而疯狂繁殖生长，这些数不清的细菌会产生大量腐败气体，这些气体会充满整个身体，使人体就像充了气的气球一样。

　　孕妇尸体腹腔内的腐败气体压迫子宫，子宫内的腐败气体也会推压胎儿，再加上孕妇死后肌肉松弛，很容易就将胎儿推出体内，但是这样"分娩"出来的也是死胎。

Part 2

刑侦现场

——以技术为重，查找蛛丝马迹

法医通过犯罪现场的物理学、生物学、化学等方面的线索的搜集，并通过数据分析，帮助警察侦破一个又一个神秘的案件。

18 18年前的血液痕迹还有价值吗？

1998 年夏末时节，在外面与朋友打牌的张某被妻子打电话反复催促，但他沉迷牌局，不想回家。晚上 10 点，张某到家时发现院子门没有锁，妻子躺在走廊里，他这才意识到不对劲，张某跑过去推了一下妻子，发现她身上已经凉了，身下有一大摊血迹。

张某赶忙报了警，当地警察局立刻展开调查，但是周围的邻居住的都不算太近，没有目击者，受害人也没有与人结怨，案发现场虽然有血迹，但屋里并没被人翻乱，仇杀、劫财的可能一一被推翻，警方苦苦寻找线索，但这起案子还是成了悬案。

两年后，因为技术有了进一步发展，警方将当年留存的证物取出再次检测，发现有两滴血液不属于受害人，警方推断这可能是嫌疑人的血迹。

18 年后，一名司机因为与人打架被行政拘留 15 天，民警给他输入身份信息时，却发现此人身份信息与 18 年前的杀人案嫌疑人相符。

案件真相大白，当年他只有 19 岁，就住在受害人家附近。那天他找受害人借钱，被拒绝后恼羞成怒，将人杀害了。

血迹鉴定成了这起案件得以侦破的关键因素，但其实不只是这起案件，对于犯罪学家来说，血迹分析一直是判断罪案发生过程的有效工具。根据血迹的大小和形状，调查人员可以判断导致血液喷溅的凶器类型，确定攻击发生的大致范围，并分析受害者与施害者的移动路径。

血液在空中飞行时通常是球状，撞上墙壁等物体后，会呈现椭圆形，而且在血液飞来的方向上会留下一条"尾巴"。

犯罪学家首先会用复杂的数学公式确定血液撞击表面时的飞行角度。在得到足够的测量数据后，他们会沿着血滴的痕迹顺藤摸瓜，用画线的方式标出血液的滴落路径，绘制出一张复杂的网，从而确定血迹来源的大致范围。如果所有的线都汇聚到一个点，那凶案发生的大致位置就可以确定了。

这种血迹检测通常可以帮助检验犯罪借口的真实性，比如嫌疑人声称自己是自卫等。

Truth 冷知识·真相

利用血迹来破案的前提是对血迹的发现与提取。血液在大多数情况下是一种可见物质，但有些距离案发时间较长的案件，因为血迹的颜色已经改变、血迹与背景颜色或其他物质颜色混淆，或者现场已经被犯罪嫌疑人清洗干净等，寻找血迹就变得比较困难了。

所以办案人员应结合案发现场的环境，紧紧围绕尸体或犯罪的场所进行仔细搜查。具体搜寻时，比较方便的方法是用手电筒进行斜光照射。为了增加血迹显现的效果，也可采用带有颜色的光源进行搜寻。

对于那些已经被犯罪嫌疑人清理过的现场，勘察人员应仔细观察那些容易被人忽略的地方，比如抽屉的背面、门把手、排水弯管内沉积物品的部位、窗帘、地板的裂缝等。

对于人体，应在其指甲、脚趾缝等隐蔽部位仔细寻找线索。

寻找可疑衣物上的血迹时，如果怀疑这件衣服已经被清洗过了，可以在衣服的接缝、袖子、口袋里面的部位进行寻找，整个过程必须仔细且有步骤地进行。

如果是室外的场地，发现血迹会相对更加困难一些，室外的血迹可能会因为风、雨、阳光等自然因素的作用而消失，或者因为泥土的性质而很快改变颜色。如果在地面上发现不了血迹，应重点关注可疑区域内的草叶、树枝等。

另外，用邻联甲苯胺与冰醋酸法，或用紫外线灯照射、鲁米诺试剂等都可以让血迹显现。

L ink　冷知识·链接

血迹是一种非常容易变质的物证，所以一切可能加速其霉变的提取、包装方法都应该禁止使用，对提取的血迹采用正常室温下晾干保存或者将它放进冰箱内，将有助于保证血迹的鉴定价值。

如果要提取液体血迹，比如血泊，可以先用氯化钠和蒸馏水制成浓度为 0.85% 的盐水，在干净的试管中注入 2 毫升的盐水备用。

提取时，用吸管吸入 2 毫升血液，并将它注入试管中。这种方法可以保证血液中的血红细胞不被溶解，但是用这种方法提取的血液必须在 24 小时之内进行检验，否则血液将变质。另一种方法是用 100% 的白色纯棉织物吸收血液至饱和状态，再用镊子将它取出，放入试管中，不要给试管加塞子。

在提取干燥或潮湿血迹时，如果血迹呈血痂状，可以用干净的刀片将其刮下，用干净的包装纸包装，再装入大纸袋中。

对于干燥的涂抹状血迹或血滴，应先将 100% 纯白棉织物弄湿，再用镊子夹住它，反复擦拭血迹表面，然后将其放入干净、无色的试管中。

对于沾有潮湿血迹的物品，应在提取前将其在室温下晾干，然后用干净的纸袋将其包装起来。如果物品面积太大，不能整体提取，可以用擦拭法或用剪刀剪取沾有血迹的部分等办法进行提取。为了鉴定血型，还应按规定提取邻近的不沾有血迹的部分作为对照样本。

19 戴手套作案就一定不会留下痕迹吗？

2014 年，一对母女在家中遇害，两人颈部都被锐器割了数刀。

警方到现场勘查后发现，犯罪嫌疑人是戴着粗线手套作案的，具有一定的反侦察能力。民警在现场确实没有找到任何有用的物证。同时，现场大量的血迹也掩盖了部分作案痕迹。

但是法医根据多年的经验，想到虽然犯罪分子作案时戴着手套，但是手套外层也会附着少量的人体细胞。现场的两名死者出了很多血，手套应该会被血液浸润，那么当手套的棉线纤维被挤压时，附着在手套上的人体细胞很可能会随着血液被带出来。

经过仔细的现场勘查与分析，法医在其中一名死者的右小腿处发现了三道疑似嫌疑人留下的手指印。他对手指印连夜进行检验，对比专案组收集的 4000 余份案发地周边人员样本，终于通过 DNA 比对确定了本案的犯罪嫌疑人。

诉讼证据的重要来源就是对现场痕迹、物证的发现和提取，现场手印是案发现场非常有价值的线索之一，是认定犯罪嫌疑人的非常重要的证据，即使犯罪嫌疑人戴手套或使用其他防护用具，也有可能会留下手印。

寻找和提取现场手印，一是应根据现场手印的类型，采用有针对性的提取方法；二是应该全面分析和掌握犯罪嫌疑人在现场的行为过程，从他最有可能接触的部位着手进行精心寻找。

犯罪嫌疑人有可能碰触的重点位置有犯罪现场进出口、实施犯罪行为的核心内容所涉及的场所、犯罪嫌疑人遗留在现场的物品等。

因为形成的中介物质和承受客体的性质不同，手印会出现不同的种类。

一类是塑性手印，也就是手触碰在一种可塑性材料上所形成的手印，也叫立体手印。比如食用油脂、没干的油漆表面、巧克力等物品。

第二类是平面可见的指印，这种是手指粘上异物形成的手印，比如手指粘上灰尘、墨水、颜料、血液而在某个物品表面留下了手印。

第三类是潜在手印，也就是手在与物体接触时，黏附了少量油脂、汗液或其他污物，使得在其他物品表面形成了肉眼看不到或通过某种方法可以看见或辨别的手印。

发现这三类手印的方法是不同的。

T ruth 冷知识·真相

对于上文中提到的三类手印，第一类、第二类手印，通过直接观察就可以发现，第三类的潜在手印，可以采用以下方法：

1. 粉末法

粉末法是很常用、很基本的显现手印的方法之一。它利用粉末附着于手印表面，使得手印轮廓变得清晰可见。常见的粉末有黑色碳素粉、银色铝粉和白色锌氧化物粉等。具体操作步骤如下：

（1）将粉末均匀地涂抹在可疑区域上；

（2）用刷子或吹风机等工具将多余的粉末去除；

（3）使用透明胶带或指纹收集器等工具将手印转移至指纹纸上。

2. 化学法

化学法是利用化学试剂与汗液中的成分反应，使得未显现的手印变得可见。常用的化学试剂有紫外线荧光剂、吡啶酮类试剂和银盐类试剂等。具体操作步骤如下：

（1）将化学试剂均匀地涂抹在可疑区域上；

（2）用吹风机等工具加速干燥；

（3）使用透明胶带或指纹收集器等工具将手印转移至指纹纸上。

3. 光学法

光学法是利用特殊的光源和镜头来显现手印。常见的光源有紫外线灯、激光灯和偏振滤镜等，常见的镜头有显微镜和放大镜等。具体操作步骤如下：

（1）使用特殊的光源照射可疑区域；

（2）使用特殊的镜头观察手印表面；

（3）使用透明胶带或指纹收集器等工具将手印转移至指纹纸上。

4. 电子法

电子法是利用电子设备来显现手印。常见的设备有扫描仪、数字相机和高清摄像机等。具体操作步骤如下：

（1）使用电子设备对可疑区域进行扫描或拍摄；

（2）使用相应的软件处理图像；

（3）使用透明胶带或指纹收集器等工具将手印转移至指纹纸上。

发现手印后，提取回实验室是关键，有以下几种提取的方法：

1. 原物提取法

也就是将手印所在载体整个带回去。如果原物较笨重，但有手印的部分可以分离出来，也尽可能地使用原物提取法。需要注意的是，这种提取方法在包装时，应把原物放入稍大一些的木箱或其他容器中，使包装材料不与其他物体的表面接触，以免破坏手印。

2. 照相法

照相一定是发现证物后首要做的事，这种方法对手印和其承受客体没有任何损伤和影响，可以完整、客观地记录现场手印。

3. 胶纸粘取法

这种方法主要适用于不能提取原物的、已经用粉末显现出来的手印。用一块大于手印的透明胶纸，贴在粉末显现的手印上，中间不要留气泡，然后揭下胶纸，贴在与粉末颜色形成强烈反差的封底上。

4. 制模法

先用硅橡胶在手印周围建起一个两厘米高的"围墙"，然后往里面浇筑石膏水溶液，等它干了就形成了手印模型。对灰尘立体手印进行制模时，应先在手印上喷撒一层固定剂，再用石膏制模。

20 弹道是枪的"指纹"吗?

1996年4月，某市连续发生了4起袭警案件，犯罪嫌疑人采用暗中潜伏、偷袭的作案手法，打死、打伤军警人员共7名，疯狂抢夺军用枪支。

次年，另一省市同样发生了袭警抢枪的凶案，两地相隔3000多千米。作案手法一样，但是必须证明犯罪嫌疑人使用的是同一支枪才能断定作案的是同一个人。

老赵临危受命，负责两件案子的弹道调查。两地遗留的弹壳和弹头都属于 56 式步枪子弹，而且弹壳底部都有 75-81 的标识，可以发射这类子弹的枪支有 4 种，所有人都在等待老赵的枪弹痕迹鉴定结果。

4 种类型的枪支发出同一种类型的子弹，在拉动与弹出弹壳的过程中，都会在弹壳底部留下拉壳与抛壳的细微痕线，不同的是这些痕线在弹壳底部所形成的夹角大小不等。这些几乎无形的夹角即使通过显微镜也很难看出差别，但老赵却能发现这细微的差别。

经过不分昼夜地弹痕比对，老赵确定两地现场使用的是同一支 81 式自动步枪。

枪弹痕迹主要是指子弹在发射过程中，枪支有关部件在弹头、弹壳上留下的反应形象、外弹道反应以及射击残留物等。

凡是涉及枪支的案件往往杀伤力比较大、犯罪分子比较凶残、危险指数很高，这类案件更要快速侦破，以防犯罪分子再次作案。

要侦破此类案件，需要确定发射枪支是否是同一支、计算射击的角度和距离、判断射击顺序、确定子弹是厂造的还是改制的，解决这些问题尤为重要。

寻找和发现枪支、弹头、弹壳和枪弹痕迹是一项非常重要又需要耐心细致的工作。

弹头射击到目的物、障碍物后，可能穿过、穿入、碰落、反跳。所以寻找弹头应该根据弹孔、弹头擦痕和其他弹着痕迹有针对性地去发现。对于被击毙的尸体，应仔细检查弹孔有没有穿透，特别注意检查发髻、耳后和腋下等处是否有隐蔽的弹孔。在搜寻过程中可以用到金属探测器、探雷器、悬丝式磁秤等工具。

弹壳一般会掉落在射击位置 5 米之内，但是有的犯罪嫌疑人在射击后可能将弹壳扔到远处。用非自动枪或转轮枪射击时，弹壳可能留在枪内被犯罪嫌疑人带走。

自杀或者伪装成自杀的犯罪现场，一般会在尸体旁发现枪支。而且自杀者开枪后会在手上留下明显的火药激发的残留痕迹。他杀现场一般都不能发现枪支，但也要防止犯罪嫌疑人抛弃或隐匿枪支，应在现场附近的井底、下水道等地仔细搜索。

T ruth 冷知识·真相

没有能够留下相同指纹的两只手，也没有可以留下相同弹痕的两支枪。枪支在发射子弹的过程中，会在弹头和弹壳上留下摩擦痕迹。这些痕迹正是警方进行弹道分析、寻找枪源的关键线索。辨别这些微小的斑痕，需要毫厘不差。

对于现场发现的枪弹、弹头、弹壳等，需要在勘验前用照相的方法进行固定、记录。

在现场就要判断发现的可疑洞是不是弹孔和弹着点，如果已经知道了射击地点、方向、角度、持枪口高度，就可以通过判断这个洞是否在弹道上，来确定它是不是弹孔。

如果无法确定以上信息，可以根据以下 5 个方面来判断：

（1）洞口周边的痕迹特征。比如射入口、射出口特征，弹跳特征等；

（2）洞底、洞壁是否有弹头金属擦痕；

（3）侵切力大小；

（4）用物理、化学方法显现射击残留物；

（5）结合现场情况综合判断。

弹孔中的擦拭圈是障碍物表面的擦带和跳弹痕迹，应拍照记录，然后用双面胶纸或醋酸纤维素薄膜粘取，用刀具刮取表面微量物质。还应测量跳弹痕迹的入射角、反射角、弯曲方向和弯曲度。

21 指纹背后的真相如何？

乙曾向甲借款 10 万元，为期 1 年，利息 10%。两人签订了借款合同，甲也当场将 10 万元现金给了乙。

可是一年后，乙却拒绝还钱，甲无奈之下只好向法院提起了民事诉讼，要求乙归还欠款。在庭审中，乙否认曾向甲借钱，并且不承认借条上的签名和手印是自己的。

在这种情况下，笔迹和指纹鉴定成了辨别真伪的重要手段。

因为乙于半年前得过脑出血，康复后的后遗症严重影响了乙手部的活动能力，所以笔迹鉴定出现了困难，结果显示笔迹不是同一人所写。

指纹鉴定应该是没问题的，可是结果却是指纹检材不具备鉴定条件，无法鉴定。鉴定结果直接决定了诉讼结果，甲败诉了。

从上面的例子中我们可以看出指纹的重要性。因为鉴定机构通常以 7～10 个细节特征点吻合作为同一认定标准，而不具备鉴定条件是指，指纹的有效面积中不足以找到 7～10 个细节特征点进行比对。

虽然现在 DNA 鉴定技术迅猛发展，但是指纹识别仍然是判断身份、推断案情的重要手段之一。世界各国的执法部门对于进一步发展从各种材料上提取指纹的技术研究也从未放松。

那我们就来简单介绍一下在现场侦察的过程中对于指纹的采集和鉴定方法。

T ruth 冷知识·真相

指纹的取证过程首先要先进行搜寻，搜寻范围包括犯罪分子活动中心、犯罪现场的进出口周围、犯罪人员可能接触过的物品、犯罪人员遗留在现场的各种凶器和物品。

鉴识人员最常接触到的指纹是潜伏纹。如果指纹是留在金属、塑胶、玻璃、瓷砖等非吸水性物品的表面，检验方法就比较容易。通常可以用粉末法，选择颜色对比大的粉末，撒在物品表面提取出完整的指纹。另一方法是磁粉法，以微细的铁粉颗粒，用磁铁作为刷子，来回刷扫，显现指纹。如果指纹留在纸张、卡片、皮革、木头等吸水性物品的表面，必须经过化学处理才能在化验室里显形。

常用的化学法有：

（1）碘熏法。即使用碘晶体加温产生蒸气，它与指纹残留物的油脂产生反应后，便会出现黄棕色的指纹，必须立即拍照或用化学方法固定。

（2）宁海得林法。将试剂喷在检体上，与身体分泌物的氨基酸产生反应后，会呈现出紫色的指纹。

（3）硝酸银法。硝酸银溶液与潜伏指纹中的氯化钠产生反应后，在阳光下会产生黑色的指纹。

（4）荧光试剂法。荧光氨与邻苯二醛几乎可以马上与指纹残留物的蛋白质或氨基酸作用，产生高荧光性指纹，此试剂可以用在彩色物品的表面。

以上所介绍的方法仅仅是一个参考，实际办案过程中采集指纹的方法有更多，也会更加精确。

L ink 冷知识·链接

在采集指纹时，最困难的莫过于采集在衣服上留下的指纹。但这又是非常重要的，比如一位跳楼者的背后有掌印，这就说明他可能是被推下来的，而不是自杀或者失足；或者在强奸案中，强奸犯可能会说受害者是自愿的，这时残留在衣物上的指印痕迹可能蕴含着重要的线索。

20世纪70年代，有一种指纹提取技术叫作真空金属沉积法，它通常用于塑料、玻璃等光滑无孔的物体表面的指纹提取。

这种技术如今也在应用。苏格兰阿伯泰大学的研究小组用这项老技术初步解决了衣物上提取指纹的难题。他们将衣物放在真空环

境中，让金蒸发形成金蒸气，金蒸气一旦接触到衣物就会均匀地附着在表面。指纹一般是由汗液和油脂的混合物组成的，金蒸气会透过这层屏障，而不会附着在指纹表面。然后再放入锌蒸气，锌蒸气只会与衣物上的金蒸气凝聚，也不会附着在指纹表面，这样就形成了一幅类似底片的指纹图谱——有指印的地方呈现织物的本色，而其他地方呈现金和锌混合的灰色。

用这种方法来提取指纹仍然有漏洞，而且不同的衣服材料所达到的效果好坏也是不同的，但是至少我们现在有这项技术了，而且在日渐成熟。

22 警方如何寻找失踪的人？

2017 年 6 月 9 日，赴美交流的中国留学生章莹颖在美国失踪。

因为家境并不富裕，章莹颖想和学姐一起搬到一间更便宜的合租房中，当天下午外出签租房合同时不知所踪。

章莹颖最后联系的人是公寓经理，她给经理发信息说在下午2：10 左右会到达。到了约定时间后，公寓经理见章莹颖还没有到，就发了条短信询问情况，却没有得到回复。

晚上 8 点，章莹颖的同学报了警。警方从监控中发现，章莹颖在下午 1：35 出现在了其住处附近的公交站，17 分钟后，章莹颖在原本路线之外的一个公交站下了车，下午 2：02 章莹颖上了一辆停在路边的黑色轿车。从那一刻起，她就和朋友失去了联系。

黑色轿车的主人是一名大学助教，名为克里斯滕森，他被警方列为此案的嫌疑人，但他拒不承认绑架章莹颖的事。警方也没有找到章莹颖本人或者尸体。

根据《中国走失人口白皮书（2020）》的统计数据显示，在整个2020年期间，我国走失人次达到了100万。数万个家庭失去亲人，骨肉分离之痛折磨得他们茶饭不思、日夜难眠，有的家庭也因此破裂，家人因承受不了痛苦而放弃生命的事件也时有发生。

为此，民间也自发成立了寻人网站、打拐组织，配合公安机关一起寻找失踪人口。包括现在我国各大电视台的一些寻人的节目，也在为让更多的人安全回家出一份力。

寻找失踪人口的主力当然还是警方，毕竟我们普通人没有执法人员的权力，在寻找的过程中会遇到很多阻力。那下面我们就来说说警方是怎么寻找失踪人口的。

T ruth 冷知识·真相

一般行为人失踪满24小时的，可以立案。但是，如果失踪人员的人身存在安全危险，或者失踪人员属于未满8周岁的少年儿童，或者属于患有精神病、智力障碍者等的，不需要受时间限制，当事人可以随时向公安机关报案。实际中，对于失踪案件，成年人失踪也不一定受24小时的限制，警方会进行案件性质研判，根据情况开展调查。立案后，警方会去采集失踪人口直系亲属的

DNA、失踪人员的近期照片，询问亲属一些失踪人员的特征，等等，然后将相关资料上传到国家数据库。

接下来，警察会调查失踪人员最后出现的地点和失踪人员的社会关系，然后走访失踪人员的亲戚、朋友，去调查失踪人员近期有无异常。警方会查看失踪人员最后出现地点附近的摄像头，追踪人口活动轨迹。最后调查失踪人口身份证使用显示出现地，然后让家属回家等消息。

L ink 冷知识·链接

如果身边有人失踪，我们除了寻求警察的帮助外，自己也要从多方面努力，去寻找失踪人员的蛛丝马迹。

如果失踪人员是被拐卖或者绑架，时机是很重要的，一定要尽快到他最后出现的地点，在附近仔细寻找线索。

除了报警，家人还应到报社、电视台、电台去登寻人启事。网络也要运用起来，在微博、各大网站、各个社交媒体上寻求他人的帮助。

回想失踪人员之前有没有说过奇怪的话，或者暗示过想要离家出走等，如果有，说明失踪人员有可能是自己离家出走的。回想失踪人员在离家时身上有多少现金，依据现金数量大概确定失踪人员的活动范围。

23 如何给犯罪嫌疑人测毒？

某日，小刘驾驶轿车与一辆公交车发生交通事故，后驾车逃离，公交车在其后追赶。公交车司机赶上小刘后下车与其理论，就在这时，小刘故意撞击公交车司机，使其趴卧在轿车前盖上，并加速向东行驶了大约 800 米。然后又撞上了一辆人力三轮车和一辆电动车，使公交司机从肇事车辆上跌落。

此次事故造成车辆损坏、人员受伤，后果严重。肇事后，小刘逃逸。

不久后，民警将犯罪嫌疑人小刘抓获。小刘交代，因为其没有取得机动车驾驶执照，而且在肇事前曾吸过毒，并随身带有 5 克冰毒，怕被公安机关查出来，所以肇事逃逸。

我国近些年一直都在严厉打击酒驾现象，因为喝酒后，人体的反应能力会比正常情况时下降 12%，但实际上，毒驾的影响比酒驾要严重得多，毒驾的反应能力会比正常情况时下降 21%。

而且，吸毒、贩毒人员被民警盘查时会心虚，因为怕被查、被抓的心理而导致超速、冲撞、暴力抗拒等都有可能造成发生事故的风险急速提升。

随着禁毒部门对毒品打击力度的增加，毒贩和吸毒人员的藏匿场所也越来越隐蔽，他们所带来的犯罪隐患也越来越大。

就交通方面来说，吸毒后驾驶其实很不好辨别。酒驾可以快速检测，但是检查是否吸毒往往需要经过尿检，耗费时间较长，所以一般查获毒驾的行为都是在出事之后。

T ruth 冷知识·真相

　　针对毒品检测，传统的检测方法是测尿液和血液，但是这种测试方法往往会受到一些限制，尤其是对于路面执法来说。就像尿检，一定要等被检查人有尿了才能检测，血液检查则更为复杂，而且这两种检测等待结果的时间都很长。

　　但是现在，执法部门有了一种唾液检测的新方法。一旦发现被查人员出现精神不振、沉默寡言、两眼无神等可疑现象，就可以对他进行唾液检测，收集被测试者的唾液，放入毒品唾液诊断试剂盒中，只需3分钟，试剂盒显示区就会出现吸毒阴性或阳性的标识。

　　这种试剂既可以检测吗啡类毒品，像海洛因、鸦片，又可以检测冰毒类毒品，像麻古等。而且与传统方式相比，这种检测方法方便快捷了许多，便于民警在现场进行筛查，一旦发现可疑对象，可以再进一步移送尿检进行最终鉴定。

　　只需要一个打火机大小的盒子就可以进行毒品检测，对毒驾实行零容忍政策，这也从源头上起到了对毒驾的震慑作用。

24 笔迹鉴定与书写时间的关系有多大？

世界上没有两枚完全一样的指纹，同样，也没有两种完全相同的笔迹。根据书写习惯、下笔力度等，可以鉴定出字迹的归属，以此来解决纠纷。

小李和妻子小吴开了一家药店。一天，一位刘女士到药店出示了一张欠条。欠条上写着小李曾向刘女士借了人民币 30 万元，欠条上的确有小李的签名和手印，但是小李对妻子说自己从没向她借过钱。

没过多久，刘女士将小李夫妻告上了法庭，要求他们还钱。经过鉴定，欠条上的签名和指纹确实是小李的。小李这下慌了，只好和妻子说出实话。原来刘女士是小李的情妇，她要求小李和她结婚，奇怪的是在被拒绝后，刘女士并没有大吵大闹，而是继续和小李交往。

因为小李平时有在药材包装纸上签名的习惯，刘女士要拿到包装纸不是难事，她很可能先拿到了签有小李名字的纸，后将欠条内容写上。至于手印，小李说有一晚自己在刘女士家喝醉了，第二天早上醒来就发现手指上有一些红色颜料，应该是刘女士趁小李睡着了，拉着他的手按的手印。

小吴被丈夫气得不轻，可当务之急是要解决这场官司，毕竟 30 万不是个小数目。于是小吴就向法院提出进行笔迹时间鉴定的申请。

经鉴定，签名的书写时间果然早于欠条内容的书写时间，刘女士对此无法自圆其说，再加上她拿不出其他可以对欠款进行佐证的证据，所以法院最终驳回了刘女士的还款请求。

笔迹鉴定在案件审理当中有着很重要的作用，除了用于解决像上述案例中这样的经济纠纷，还有比如在杀人事件现场发现遗书，可以帮助判断遗书是不是受害者本人所写，这关系到是自杀还是他杀。

将两份相同的文字放在一起比较笔迹，证明是不是同一个人所写的，这就是笔迹鉴定。每个人写的字都有其个人特性，只要用科学的方式加以仔细检查，一定能看出个所以然来。

上文中说到的"笔迹时间鉴定"和笔迹鉴定是完全不同的概念，像圆珠笔油、钢笔水、印泥等这些有色颜料在纸张上形成文字以后，会随着时间的推移发生变化。根据一定的规律，就能分析出这种变化经历了多长时间，从而推测出笔迹产生的时间。

T ruth 冷知识·真相

笔迹，是书写动作通过书写工具在书面上留下的痕迹，是每个人写的字所特有的形象。笔迹可以反映出书写人或撰稿人的用词造句习惯，即书面语言习惯；也可以反映出书写人的文字布局习惯。

而笔迹鉴定，是通过对可疑笔迹和嫌疑人的笔迹进行比较鉴别，确定是否为同一人的笔迹，或确定检材是否为某人书写的一项专门技术，其任务就是要通过研究笔迹中反映的书写动作习惯特征、文字布局和书面的语言特征，用以分析时间情况，为诉讼提供线索和证据。

警察现场勘验进行的笔迹鉴定是同一认定鉴定，整个鉴定过程可以分为分别检验、比较检验、综合判断三个阶段，每个阶段都有相应的且不同的方法。但在笔迹鉴定中，最不可或缺的就是笔迹时间的鉴定，但其本身具有局限性。若只有两段笔迹所用的纸张、笔油种类一致而且两段文字书写的时间间隔正合适的情况下，才能对比出两段笔迹产生的先后顺序。所谓时间间隔合适，指的是有些笔油书写时间要相隔 20 天以上才能检测出来，可相隔一年以上，就很难检测出来了。

而犯罪侧写往往会从书写的局部特征侧写犯罪嫌疑人。

第一，笔压，也就是在书写时用笔的力量。一般人是以 200～250 千克的力量来写，以笔压测定器来做正确的测量。另外，体型肥胖的人，笔压较弱、写字速度较慢；体型瘦长的人，笔压较强、写字速度较快。精神病患者，笔压则比正常人要强，大约有 350 千克以上，但写字的速度非常慢。

第二，笔顺。即使是写同一个字，书写的顺序也会因为人的不同而不同。在模仿他人笔迹时，尽管写的字和对方写得非常像，但是也会因笔顺的不同而有些细微的差异。

第三，笔画特征。文字的大小、角度、线与线之间的距离，这些书写时的笔画特征也都是因人而异。

第四，错字。每个人都有写错字的习惯，小时候写错的字，长大后仍然会不由自主地写错。不只是错字，每个组词造句的用法，也都会有他自己的特征。

第五，特殊字。是指规范字体体系中不存在但又在一定地区、一定人群中使用的字。如错字、地方字、行业字、生造字、外来字等，多数是共性习惯的表现，属于种类性质的特征；少数是个人特有的习惯，因而具有较高的鉴定价值。

总之，书写动作局部特征，在实践中常常为笔迹鉴定提供有力的依据，对笔迹鉴定活动的开展有着重要的意义。

25 什么是洛卡尔物质交换定律？

国外曾发生过这样一起案件，有人在城郊发现了一具尸体，警方经过调查发现死者是 35 岁的超市老板艾伦，发现尸体的地方并不是第一案发现场，根据现场痕迹判断是有人将尸体运到这里的。

通过排查附近几个路口的闭路电视，警方发现有一辆货车非常可疑，警方找到了那辆货车和司机，司机矢口否认与此事有关，警方也没有足够的证据能证明货车司机有作案动机和作案时间。于是警察将货车从里到外仔仔细细地检查了一遍，期待能搜出死者曾上过这辆车的证据。

结果功夫不负苦心人，他们终于在放货品的车厢中收集到了一些衣物纤维，经过化验对比，证实这些纤维与死者的衣物纤维是一样的，司机在证据之下只好承认了自己杀人移尸的犯罪事实。

　　只要物体与物体发生接触，就一定会存在物质的转移，目标物体会从源物体上带走一些物质，同时也会将自身的一些物质遗留在源物体上。这就是洛卡尔物质交换定律。

　　它告诉我们只要有人实施了犯罪行为，就一定会在犯罪现场直接或间接地作用于被侵害客体及其周围环境，会自觉或不自觉地留下痕迹。

　　衣物纤维是非常不容易被人发现但又很容易留下的证据，在案件的调查中经常会涉及收集与检测衣物纤维的情况。但是具体的收集方法和检测过程是怎样的呢？

T ruth 冷知识·真相

　　要从犯罪现场收集衣物纤维，就得用胶条到可疑的地方去粘。再把粘了纤维的胶条贴到一块干净的塑料片上，这样可以固定那些纤维，使之不被污染，也不会丢失。

　　将现场收集到的纤维与想要对比的衣物一起送到犯罪证据检验实验室。然后专业人员将纤维放到显微镜下，将那些与目标衣物颜色不一致的纤维全部筛选掉。再将颜色一致的嫌疑纤维与目标衣物的纤维放到高倍显微镜下，这种显微镜可以将纤维放大400倍。如果在显微镜下发现两组纤维的颜色一样，宽度相同，就需要进一步仔细比较它们的化学成分和颜料构成成分，以确定它们是不是真的完全一样。

　　化学检测法主要是通过纤维和化学试剂发生的反应来进行鉴

别。比如不同纤维在燃烧时的味道不同，纤维素纤维，像棉花、麻类等燃烧时会散发出烧纸的味道，烧完后又成了草灰状；而蛋白质纤维，如羊毛和丝绸，燃烧时会散发出烧头发的味道；腈纶、涤纶等化学纤维，燃烧时会散发出烧塑料的味道。

L ink 冷知识·链接

纤维与我们的工作和生活有着密切的关系，在侦查的过程中，要处理纤维检测材料的情况时常出现。当勘查现场时，我们经常可以提取到少至几根，多至一片的织物碎片检测材料，怎样使收集到的纤维对案件的侦破提供更有效的信息是纤维鉴定工作的重点。

化学纤维的检测通常包括以下几个方法：

（1）肉眼识别法。根据纤维的光泽、透明度、断面形态等进行识别。尤其在对多种混纺产品中的纤维类型进行识别时，肉眼识别法在初步判断上有着非常重要的作用。

（2）显微镜下观察法。根据纤维在偏振显微镜下的颜色，结合熔点判断、着色反应辨别等，可以确定纤维类型。

（3）溶解性质法。根据不同纤维在溶液中的溶解状态，来辨别纤维类型。

（4）纤维燃烧性法。观察纤维燃烧的火焰情况、烟雾状况以及燃烧后残留物的性状，结合其气味，来辨别纤维类型。

（5）荧光鉴定法。利用荧光反应来判断纤维类别。

（6）纤维定量检测。通过氢氟酸溶解法、磺酸溶解法等方法，可以将样品中不同类型的纤维分别溶解出来，通过这种方法可以对纤维进行定量检测。

以上几种都是实际中常用的检测化学纤维的方法，具体使用哪种方法，需要视具体情况而定。

26 复制轮胎印和脚印的方法通用吗？

内蒙古大草原上的牧民可以根据足迹找回自己家丢失的牧群，而且还能从牲畜的蹄印特征在牲畜群中辨认出自家的牛羊。内蒙古就曾出现了4名高手，将这种步法追踪技术用在了公安机关现场足迹破案上。

其中一名破案高手叫董长存，他的曾孙女名叫董艳珍，董艳珍将曾祖父的本领继承了下来，屡破奇案。

董艳珍16岁那年，当地发生了一起纵火案，烧毁了谷子3000多斤、高粱2000多斤。因为董艳珍的爷爷生病了，所以她就和警察一起去出现场。

到达现场时已经是纵火案发生的第三天了，现场脚印杂乱，嫌疑人的脚印已经被救火人破坏，而且村民对年幼的董艳珍很不信任。

董艳珍不管村民说什么，自己一个人默默地勘查现场，终于她在距现场十几米的外围发现了两枚大头鞋的足迹。董艳珍分析这人身高一米八二，男性，微微驼背，45 岁左右，而且足迹是在扭动身体扔东西时留下的。

她怀疑嫌疑人是站在这里把装有汽油的容器点燃后扔向谷堆的，后来民警果然在火场残余灰烬中找到了两个被大火烧焦了的酒瓶子。

董艳珍顺着脚印在村子里走了大约 2500 米，终于追到了嫌疑人王某家中，并且在他家箱子底下搜出了一双翻毛大头鞋。经过比对，这双鞋和嫌疑人留在现场的足迹正好吻合，确定了王某就是这起案件的嫌疑人，而且王某与董艳珍分析的嫌疑人的身形完全一样。

脚印是犯罪现场很常见也很重要的证据之一，为防止脚印被破坏，在发现脚印的第一时间，侦办案件人员就应该将脚印复制下来。

Truth　冷知识·真相

实践中，现场提取足迹的方法主要有：拍照法、实物提取法、胶粘法、制模法和静电吸附法。

（1）拍照法。对足迹进行照相时，应使镜头平面与足迹平面保持平行，并在足迹边放置比例尺。提取成趟足迹时，除了按上述要求对单足迹分别进行拍照外，还应对成趟足迹采用分段连续照相法进行拍照，拍摄时应注意把成趟脚印的走向和单个脚印之间的相互联系及步法特征反映出来。

（2）实物提取法。对于有条件将脚印与承受物一起提取的，均可以采用实物提取法。采用实物提取法时应注意对足迹以及承受物进行妥善包装、运送和保管，以免足迹受到损坏，特别是当承受物是易碎、易溶、易变形的物体时。

（3）胶粘法。对于粉末法显现的足迹以及原始的粉尘足迹，可以先用透明胶提取，后用照相加以固定。

（4）制模法。在现场勘验过程中，如发现了立体足迹，可以用石膏制模的方法予以提取。具体操作方法是先将足迹周边用泥土或其他材料筑起一道约2～3厘米高的"围墙"，将足迹上无关的杂物清除干净，再以3∶5的比例将水和石膏调成浆状。调配时，先在容器内注入冷水，再慢慢加入石膏粉，并不断地用棍棒进行搅拌。搅拌均匀后，沿足迹周缘注入，待整个足迹上覆盖有约1厘米的石膏浆时，放上骨架再继续注入石膏浆，等石膏凝固结实后，才可取出。最后把石膏模型上的泥土用清水冲洗干净。

（5）静电吸附器。静电吸附器提取足迹的步骤为：先将静电吸附器插入电源，待静电吸附器充电完成后，将其靠近需要提取足迹的物体表面，使其与表面接触并进行吸附。在吸附完成后，需将吸附的痕迹迅速转移到指定收集介质上。将收集介质上的足迹送至实验室进行进一步分析。静电吸附器作为一种有效的痕迹收集工具，可将很小的足迹痕迹吸附到收集介质上，便于进一步进行痕迹鉴定和分析。

　　根据脚的大小、步伐的宽度，就可以区别男女，甚至可以判断其身高和体型；从踩在柔软地面上或是雪地上的脚印深浅，就可以判断出犯人的体重；从鞋后跟的锯齿状刻纹和标识，就可以判断出鞋子的种类和制造厂商；从鞋底磨损的情形，就可以知道他走路的方式和他的职业。

　　当然，要想完成上面那些推论还需要丰富的经验。

27　微量物证也能定罪吗？

　　2003 年，一名 18 岁的女孩到一个暂住点专用公厕内方便，后被人发现死在厕所内。法医尸检后发现，死者生前曾遭到扼颈、刀刺、撞头等暴力打击，死因是机械性窒息死亡。

　　经过调查，警方发现该公厕前面紧邻一家饭店，除了店内暂住人员上厕所不用通过饭店外，外来人口去这个厕所必须经过饭店。厕所唯一的入口是一扇上了锁的木门，有这木门钥匙的就是这个暂住点内的 20 多人。

　　警方现场勘查发现木门没有明显的撬痕。根据饭店老板反映，这段时间内，没有外来人口进过厕所，所以排查目标就落在了暂住的 20 多人身上。

除了报案人外，其他人都不承认去过厕所，但是经过一系列的调查，警方最后将目标锁定在两个人身上。

因为死者在死前与凶手有过搏斗，而且现场地面上有大量的血迹，所以凶手身上也可能有血迹。于是警方初步检验了死者的指甲和两名嫌疑人的指甲、衣服、鞋袜等，结果在其中一名嫌疑人的西服内兜里发现了稀释过的微量血迹。经过DNA检验，嫌疑人身上的血迹是属于死者的。在事实面前，嫌疑人只能认罪。

近年来，智能型犯罪的刑事案件明显增多，甚至越来越多的嫌疑人都有了反侦查思维。当犯罪现场没有提取到有价值的指纹、足迹等物证时，微量物证的提取就显得尤为重要了。

微量物证是相对于常规物证而言的，是指与案件有关的遗留在犯罪现场、被害人身上或犯罪分子从现场带走的，能为侦查提供方向、线索，能够证实犯罪的各种细微物质的总称。

微量物证体积小、质量轻、不易察觉、易污染、分布复杂，对它的提取是有一定难度的，可也正是因为它的这些特点，导致犯罪分子非常容易忽略它，给了办案人员侦破案件的突破口。

寻找微量物证，应根据案件及现场的具体情况来确定寻找的重点。可以用人工光作为辅助照射并利用放大镜进行观察，也可以使用磁铁、紫外线灯和其他仪器来协助搜寻。

由于材料特点，微量物质很容易吸附在受害人或犯罪嫌疑人的衣服或其他织物上。

在对这些衣服进行提取时应格外小心，将它们装进干净的纸袋，避免使用塑料袋，以防衣服发霉；如果衣服潮湿或沾有没干的血迹，在包装前应将其晾干。

鞋也是我们发现和提取微量物质的重要来源，在鞋面或鞋底，我们常常可以发现灰尘、土壤、植物的种子、花粉、血迹或其他碎片。应采用整体原物提取的办法来提取鞋子上的微量物质，并将鞋子分别包装。

对于现场的尸体，可以先对其指甲等可能隐藏微量物证的部位进行搜寻，如果现场条件不允许进行这类检查，应把尸体的手等部位进行包封，防止微量物证丢失。

法医对犯罪嫌疑人或被害人的身体进行仔细检查，往往能发现微量物证。主要包括损伤及相关微量物质，如射击残留物、血迹、毛发、皮肤碎屑等。所以对伤害案或杀人案的受害者或犯罪嫌疑人，要仔细检查其头部、阴部、耳朵、头发、指甲缝等处，以发现微量物证。

用对氨基苯磺酰胺与 N-1- 萘基乙二胺配比混合涂抹在受检测者的伤口，再放在紫外线下观察，如果出现黑色，则说明伤口处有金属存在，这些很有可能是射击残留物。

其他微量物质，像漆片、木屑等往往会出现在工具、武器或其他物体上。如果这些物品上的物质颗粒大，容易丢失，可以在提取原物前，先将其取下，放入专用容器中。

对于大型物体，比如房间地面、大块地毯或汽车内，可以采用吸尘器收集微量物质，然后从中寻找微量物证；或者采用胶纸粘取法，粘取微量物质。

收集到的微量物质，要采用双层包装的方法保证其不被遗失，而且每一层包装都应标注提取的时间、地点、物证简介、案件名称和提取人、包装人的姓名。

28 仔细清洗过的现场还能测出血迹吗？

香港经典警匪电影《陀枪师姐3》中曾有过这样一个案子。

阿丽带着儿子从内地到香港去投靠丈夫，没想到不久后丈夫去世了。因为要养儿子，找不到合适工作的阿丽只好去借高利贷，由于还不上钱只好被迫在债主手下做妓女。

阿丽让儿子放学后去王二妹开的茶餐厅里写作业，自己收工了再去接儿子。王二妹的小叔子陈小生和女儿陈三元都是警察，他们将阿丽所在的卖淫集团一网打尽后知道了阿丽的悲惨遭遇，于是他们让阿丽在茶餐厅里做清洁工。

阿丽与茶餐厅的厨师阿安相爱了，就在两人想要开始新生活的时候，阿安误以为阿丽重操旧业。于是一天晚上，茶餐厅打烊之后，阿安在里面把阿丽杀死了，抛尸之后他又一个人回来将血迹收拾干净。

　　陈小生经过一系列的调查发现阿安有可能是凶手，之后果然在茶餐厅检测出了血迹，最终将凶手绳之以法。

　　上文的案例中，凶手明明都已经将杀人现场的血迹清洗干净了，但是最后还是被警察发现了血液的痕迹，用什么样的技术可以让清洗过的血迹现形呢？

　　在杀人案的侦查中，血迹检测非常重要，关键证据往往都藏在血液中，它既可以证明受害人或者犯罪嫌疑人在什么地方出现过，也可以通过测血液中的 DNA 来证明它是属于谁的。

　　可是犯罪分子也不傻，他们常常会将现场收拾得一尘不染，让警方找不到证据。

　　下面我们就来说说仔细清洗过的犯罪现场要怎样来检测血迹。

T ruth｜冷知识·真相

　　血液说到底也是一种液体，用再多的水去冲洗血迹也只不过是起到稀释的作用，不可能完全冲刷干净，犯罪分子能做到的不过是让人眼看不到血迹。

　　黑暗环境中，只要在曾经出现过血迹的地方喷洒上鲁米诺试剂，有血迹的地方就会发出蓝白色的光。

　　鲁米诺试剂的灵敏度极高，非常适合检验血迹的有无，而且即使大量喷洒它，也不会影响后期进一步提取 DNA 样本，这是该项技术的一大优点。

需要提到的是，漂白剂也可以使鲁米诺试剂发光，如果犯罪分子在清洗现场时用到了漂白剂，经验丰富的调查人员可以依据其反应发生的速度来进行识别。也可以等几天，等漂白剂的干扰作用消失后再检测，因为血迹即使过了很多年，也能让鲁米诺试剂发光。

鲁米诺又称为发光氨，刑侦中用到的鲁米诺试剂是鲁米诺与过氧化氢的混合液。血液中有血红蛋白，里面含有二价铁，可以催化过氧化氢产生氧气和大量的羟基自由基，羟基自由基具有很强的氧化性，可以使碱性条件下的鲁米诺发生氧化反应。

鲁米诺进行氧化反应会生成第一激发态三重态的氨基邻苯二甲酸，它通过发射荧光到达基态单重态，这种荧光的波长在可见光蓝光区域，因此在暗处可以看到。

L ink 冷知识·链接

知道了鲁米诺试剂检验血迹的原理，我们就知道它能检测血迹主要是因为它会与血液中的二价铁进行反应。动物血中也含有二价铁，也就是说鲁米诺试剂也可以检测出动物血。

如果犯罪现场在屠宰场，到处都是动物血的痕迹，警方就无法分辨出是否曾有人在这里受伤流血了，除非将每个角落的血都带回实验室分析是动物血还是人血。无论犯罪分子多么狡猾，都逃不过法医和警察的法眼。

29 密信是如何制作出来的？

我们在影视作品中常常看到白纸上突然出现字迹的场景，为了秘密传递情报，他们会用到一种写密信的方式。

电视剧《唐宫美人天下》中就有这样一段剧情，皇上的御书房中出现了诡异的神秘事件，桌子上的白纸自动出现字迹，上面的内容是各种威胁皇上的指令。

武皇后暗中调查此事的来龙去脉，就在一筹莫展之际，她偶然发现茶水泼过的衣袖变黑了，直觉告诉她这件蹊跷的事一定与白纸上出现字有莫大的关系。

经过武皇后的深入调查，她终于发现，原来有人在白纸上先用茶水写好字，等字迹干了之后就又变成白纸，什么也看不到了。御书房中燃有缥缈香，缥缈香遇到茶水出现黑色，所以白纸上就又出现了字迹。

案例中所说的缥缈香中应该含有三价铁，茶水中含有鞣酸，鞣酸遇到三价铁会进行化学反应，能生成黑色的鞣酸铁，字迹就这样显现出来了。

在现实生活中，一些高智商的犯罪分子也会利用一些化学反应来制作密信，用于与同伙交流信息。想要让密信中的内容显示出来，就要先了解有哪些制作密信的方法。

这些方法看似神秘复杂，实际上如果你掌握了其中的原理，并没有多难。

T ruth 冷知识·真相

制作密信的方法：

（1）将一张纸浸入水中，然后把它拿出来铺在玻璃板上，在湿纸上盖上一张干的纸，然后在上面写上字。再将干纸揭下来毁掉，把湿纸晾干，纸上便什么都没有了。但是只要收信人将这张纸浸入水中，纸上马上就会显现出来字迹。

（2）可以用牛奶或者米汤在白纸上写字，晾干后字迹会隐形。收信人可以在信上涂碘酒，牛奶显出的是白字，米汤显出来的是黑字。

（3）将葱白挤出汁，用毛笔蘸葱汁在白纸上写字，葱汁干后，白纸上便看不见字迹了。要是把这张纸放在火上烘烤，棕色的字会立刻显示出来。

因为葱汁能使纸发生化学变化，形成一种类似透明薄膜一样的物质，这种物质的燃点比纸低，所以用火一烤，它就烧焦了，就会在纸上显现出棕色字迹。柠檬汁、洋葱汁、醋、蒜汁都有这种特性，所以也可以用来写密信。

（4）用碱性液体写的字都可以往纸上涂抹酚酞来显字，或者用酚酞液体写字，然后涂抹碱性溶液显字。

（5）用毛笔蘸氯化钴溶液在白纸上写密信，氯化钴溶液经稀释过后会变成浅粉色，等纸干后，几乎看不出有什么颜色。收到信的人，将信纸拿出来，放在火焰上稍微加一下热，信纸上的氯化钴就会脱水变成蓝色，字迹也就出现了。

看完信之后，只要往信纸上喷一些水雾，蓝色的字迹又会消失，信的内容仍然可以保留。

30 最早的身份密码——7000年前的指纹真的存在吗?

1892 年夏天，阿根廷一个名叫内科恼阿的小镇发生了一起惨绝人寰的谋杀案。6 岁的哥哥和 4 岁的妹妹被人用石块砸死在家里，发现尸体的是两个孩子的母亲，她叫弗朗西斯卡。

弗朗西斯卡说，本镇的一名叫维拉斯奎的男子曾向她求婚。被她拒绝之后，他曾威胁要杀死她的孩子，而且在案发当天，弗朗西斯卡回家时正好看见维拉斯奎匆忙地从她家出来。

警察立刻逮捕了维拉斯奎，但是他拒绝承认杀死了两个孩子，还交出了不在场证明。

警方只好再次来到现场搜查，寻找证据。终于，警长在一缕阳光下看到了门框上有一个棕褐色的血手指印。他们将带有血指印的那块木头锯下来带回了警察局。

经过研究，警方发现那是人的拇指印。于是警长就让嫌疑人核对拇指印，结果不相符。然后他们又叫来弗朗西斯卡，让人意想不到的是，她的拇指印和门框上的手印相符。

在证据之下，弗朗西斯卡不得不承认是自己杀死了自己的孩子。她的情夫讨厌小孩，她为了与情夫结婚，就亲手杀死了自己的孩子。

100 多年之前，警方就已经开始用指纹破案了，说明那时人们就已经认识到指纹的独特性，它是人类的身份密码。

指纹在胎儿第三个月便开始产生，到 6 个月左右就形成了，当婴儿长大成人，指纹会放大增粗，但是纹样却再也不会发生改变。

指纹能使手在接触物件时增加摩擦力，从而更容易发力和抓紧物件，它是在人类进化的过程中自然形成的。

由于人的指纹是由遗传因素和环境共同作用产生的，因而人人都有指纹，却各不相同。指纹重复的概率为一百五十亿分之一，所以它被称为"人体身份证"。

在调查案件、勘查现场的过程中，对指纹的收集和分析是非常重要的一个环节，指纹有可能会成为找到凶手的关键因素。

但是有时警方调查的案子不一定是当下发生的，也会调查陈年旧案，那些案发现场所留下的证据会随着时间的推移而遭到破坏，指纹也属于很容易被破坏的证据。这就出现了一个问题，除去人工破坏的因素外，指纹最长可以保留多长时间呢？

T ruth 冷知识·真相

指纹保留的时间和很多因素都有关系，比如指纹中所含有的成分、指纹的载体、保存条件和环境等。

有时指纹中会含有油脂和汗液，也有的会有血液，一般来说，油脂和汗液挥发完全的时间，或者血液完全分解完毕的时间，大致和指纹留存的时间相仿。

1988 年，中国刑警学院痕迹检验专家赵成文教授在西安讲学，到距今 7000 年前的西安半坡遗址进行考察。一个偶然的机会，赵成文教授在坛坛罐罐的碎片上发现了疑似人类的指纹。在和主管部门交涉之后，赵教授将指纹拍了照片，并制成了指纹模型带回了沈阳进行细致研究。

经研究发现，这是一个清晰的 7000 年前的制陶人左手大拇指的立体指纹，这个指纹比我们现代人的指纹要密一些，但总体差别不大。这是人类历史上发现的留存时间最长的指纹。

31 利用 DNA 可以复原长相吗？

2016 年，麦克丹尼尔的大女儿被人谋杀，案件没有目击证人，警方的调查难度很大，但是他们没有放弃，最终警方在现场收集到了疑似凶犯的 DNA。

一家私人实验室——帕拉班纳米实验室根据警方找到的 DNA 复原了犯罪嫌疑人的样貌，包括他的皮肤、眼睛和头发的颜色。

画像对外公布的一周后，当地警长万斯·希尔在新闻发布会上称，该案犯罪嫌疑人是 21 岁的瑞安·瑞格斯。麦克丹尼尔的儿子见过画像上的人，他是死者朋友的朋友。

几天后，犯罪嫌疑人瑞格斯到警察局自首，承认了自己杀人的事实。

技术的发展使得犯罪分子越来越难以逃出法律的制裁，就像上面的案例中提到的技术，利用 DNA 可以还原长相，再加上只要去过现场，就一定会留下痕迹，在喝过的水中都可以检测到 DNA。

DNA 是英文 DeoxyriboNucleic Acid 的缩写，又称为脱氧核糖核酸，是染色体的主要化学成分，同时也是组成基因的材料。有时 DNA 被称为"遗传微粒"，因为在繁殖的过程中，父代把他们自己 DNA 的一部分复制传递到子代中，从而完成性状的传播。

哺乳动物的一切有核细胞都可以用来制备 DNA，除了特殊要求外，白细胞、肝或脾组织是最常用的材料。有时为了简易起见，还可以无创伤地采集材料，比如口腔上皮脱落细胞、发根细胞等。在喝过的水中就有口腔上皮脱落细胞，而 DNA 在水中的溶解度很小，因此可以较好地保存这些细胞。

Truth 冷知识·真相

考古和破案的过程中有时需要用到相同的技术，因为两者都需要检测 DNA。

但是考古的难度要更大一些，因为时代久远，搜证会更加困难。目前提取古代 DNA 的主要来源是骨骼化石，但是即使在有间接证据证明史前人类曾活动过的地方，也很难找到人类骨骼化石。

有科学家研究出一种方法，可以在洞穴中没有残骸的情况下，从尘土中提取古人类的微量 DNA。他们对之前用于寻找动植物的 DNA 的一种方法进行优化，然后用它来寻找古人类和其他哺乳动物的遗传物质。

科学家重点寻找通过母系遗传的线粒体 DNA，因为这种 DNA 特别适合用来区分关系密切的物种。通过对受损分子进行分析，科学家能够将古代遗传物质与现代人遗留的物质区分开来。

这种从尘土中就能提取古人类 DNA 的方法，如果能应用在案件调查中，相信警方破案率会大大提高。

L ink 冷知识·链接

DNA 是生物遗传密码，DNA 中藏着我们每个人的秘密。

因为拐卖儿童的事件时有发生，我国建立了打拐 DNA 数据库，这使得打拐案件的破案率有了明显上升。但是这也引发了一场关于要不要给每一个新生儿建立 DNA 数据库的争论，如果将每个新生儿的 DNA 都记录下来，这的确可以有效防止拐卖儿童案件的发生，但是这种做法也面临着一些实际问题。

最大的问题就是没有法律依据，DNA 信息的采集始终都存在着合法与否的争论。公民 DNA 信息的采集范围、方式和保密程序等都需要通过立法加以规范和授权，还有就是海量的个人信息也涉及隐私权问题。

32 如何快速分辨真血和假血？

万圣节时，一名男子在米克家门口玩"不给糖就捣蛋"的游戏。男子身上沾满了血液，还带着一把带血的刀，米克马上就看出那人不是装扮成那样，而是真的刚杀完人，这时候上门玩游戏的目的是不想引人注意，借此混入街上其他装扮成血腥杀手的人群中。

米克一眼就看穿那个男子身上所染的是真血，从喷溅模式上来看，血迹是经过一场搏斗溅上的，而且谋杀案就发生在近一个小时内。从他袋子里的糖果就能推断出案发地点，而且从男子身上散发的香水味，可以得出被害人是一名女子的结论。

米克是怎么看出男子身上的血液是真的呢？

做万圣节的装扮时，人们会用一种红色颜料装作血迹。颜料会一直保持红色。

但是真正的血迹在干了之后颜色会改变，因为失去水分，再加上血液本身的化学反应，血液会变成紫褐色、赤褐色、褐紫红色或者锈褐色。

米克看见这名男子身上的血迹的颜色不是红色，而是呈现真血干了之后的颜色，就开始怀疑这名男子。另外，在衣服上抹假血，往往会采用倾倒的姿势或者用刷子四处涂抹，但是这名男子身上的血迹却是喷溅状的。当米克接触到男子的衣服，感觉到上面的血渍还没有干时，就知道血迹是在过去一小时内染上的。

在实际破案中，检验是否为人的血迹，可以用抗人血红蛋白胶体金试纸来检测，还可以将血迹样本倒入试管中，加入联苯胺、冰醋酸和双氧水，如果颜色为蓝色的话，则说明为人血。

Truth 冷知识·真相

在影视作品中，所用到的血一般有两种：一是用动物血来替代；二是用红色素、蜂蜜和温水按比例调配来作为血液样本使用，这种方法干净、卫生、逼真。

人体的血液是由血细胞和血浆组成的。血浆是血液中的液体成分，血浆中含有很多重要物质，比如蛋白质、无机盐、抗体、激素等，其中水分占到了 90%～92%。

血细胞是血液当中的有形成分，由红细胞、白细胞和血小板组成。红细胞是血液有形成分中数量最多的一种，它体积小、无核，主要成分是血红蛋白。白细胞是无色、有核的圆形细胞，比红细胞略大。血小板是很小的无核小体，其主要功能是促进血液凝固。

根据组成成分的不同，真血和假血的味道自然也是不一样的，真血有咸味、腥味，略有铁锈味，动物血和人血的味道比较像，但是腥味没有人血重。用红色素、蜂蜜和温水做成的血是甜的。

33 识别脚印的方法有哪些？

1974 年，一家工厂发生了连续纵火案，公安局的民警们调查了很长时间也没有发现多少有价值的线索。就在一筹莫展之际，他们请到一名足迹鉴定专家到现场。

足迹鉴定专家老王到现场勘查了脚印后，认定作案人是一名女性。但是侦查人员纷纷摇头，他们调查了几个月，确定了十几个犯罪嫌疑人，没有一个是女性。

老王没有放弃，他仔细查看脚印后又大胆提出嫌疑人的特征：女，20 岁左右，身高 164 厘米左右。老王还到工厂附近的女厕所外面寻找线索，试图找到他脑海中认定的犯罪嫌疑人。

终于有一天，厕所门外出现了一个与纵火现场一样的脚印，经过多方暗中调查，留在厕所门外与纵火现场一样脚印的刘某就是本案的嫌疑人。抓获刘某后，警方发现其特征跟老王推测的完全一致，这下侦查人员对老王佩服得五体投地了。

随着指纹检测和 DNA 检测等多项科技手段的普及，足迹破案作为传统侦破手段受到了严重的冲击。原因之一是足迹鉴定要靠多年的经验积累才能练成，所以很难推广。

但是不管指纹和 DNA 的检测技术多先进，足迹鉴定都是一项在破案过程中很重要的技术，有助于更加全面地对犯罪现场进行勘查，更容易发现犯罪分子的线索。要不现场只有一枚足迹，没有留下指纹和 DNA 信息时，查案进度就会大受影响。

现场留下的脚印有可能是赤脚印、鞋印，偶尔也会出现袜印。通过对脚印的分析，可以找到犯罪活动过程、犯罪时间、犯罪嫌疑人的人数和特点等与案件有关的线索。

脚印最重要的作用是它可以直接或间接地证明某人曾到过现场的客观事实。根据几个脚印的分析判断，可以了解其步伐特征，为采用步伐追踪提供依据。

另外，脚印中会遗留下犯罪嫌疑人从别处带来的物质，这点可以与前文提到过的微量物证的提取与分析结合起来，有时可以为寻找犯罪嫌疑人提供线索。所以现场脚印的发现和提取是刑侦现场勘查的重要工作之一。

T ruth　冷知识·真相

发现脚印的重点部位通常在现场的进出口、现场的中心部位、现场被犯罪嫌疑人踩踏过的物品、埋尸地点、犯罪前后踩点和休息的场所等。

现场的立体脚印和有色脚印比较容易发现，对于不明显的灰尘平面脚印、无色汗液足印的发现会比较困难，尤其是在粗糙地面或花瓷砖地面上。对于这类脚印，通常会采用半侧光或全侧光，改变其亮度、角度和方向用以调整视线角度的方法来进行观察。

如果现场是室外，可以利用自然光进行逆光、侧光观察。

发现脚印后，传统的对脚印进行提取和固定的方法有以下几种：

（1）采用比例照相法予以固定和提取，在脚印旁边放置比例尺再拍照。

（2）条件允许的情况下，将带有脚印的实物进行整体提取，保持脚印的原始状态。

（3）对于干燥水泥地面、地板、地毯、皮毛、纺织品等物体表面上的粉尘脚印，应使用静电现场勘查吸附仪来完成脚印的提取工作。

（4）对于水渍脚印，要先用硫酸汞粉末，筛于水渍脚印上，这时脚印会显示出黄色，然后再照相提取。

以上介绍的只是传统脚印提取方法中的几种，另外还有粘胶法、平绒按压法、石膏制模法等。如果案情重大，脚印载体又不方便提取，也可以就地封存，以便日后在必要时复检。

L ink 冷知识·链接

随着脚印复原技术的进一步发展，现在我们可以通过三维扫描技术打印脚印模型。

三维扫描仪可以准确获取痕迹的各项特征，而且现场痕迹不会遭到破坏。在扫描过程中，测量头在物体上投射光影，然后用探测器分析物体上光影的变化，这些变化的光影就是测量物体的几何信息。测量和分析后的数据将会导入三维测量软件中，用于制作脚印模型。

扫描痕迹的结果非常精确，即使是轻微的划痕和鞋底特有的纹路都能够反映得一清二楚，而且最终的模型数据可以直接通过 3D 打印机进行彩色 3D 打印。

Part 3

法医鉴定

———用证据说话，破解死亡密码

那些看似无关紧要的证据碎片，
可能正是被害人的无声控诉。

34 如何确定尸源?

1897 年 6 月 26 日,两名在纽约东河游泳的男孩发现了一个用红色防水布包裹的男性上半身尸块。当地法医发现肢解尸体的凶手有一定的医学外科基础,奇怪的是尸体胸部的皮肤被割下来一块,割下来的部分可能有特殊特征,比如文身或者疤痕等。

几天后,东河上游发现了尸体的下肢,只剩头部没有找到。

尸块的手部疤痕引起了侦探的注意,通过走访,他了解到一名手部有疤痕、胸部有文身的男按摩师失踪了。侦探来到按摩师的住所,他的房东名叫奥卡斯塔,是一名业余接生婆。与此同时,男按摩师的同事认出了尸块手上的疤痕,他确定死者就是他的同事威廉。

包裹尸体手臂的防水布是照相纸包皮,侦探在走访调查被害者家附近的店铺时,一家店主表示曾出售过一块类似的防水布给一名妇女,店主描述的人很像奥卡斯塔。加上一位邻居说奥卡斯塔和死者威廉曾有过一段恋情,但最近因为一个名叫马丁的年轻寄宿者而感情恶化。侦探便将奥卡斯塔和马丁都带到了警局问话。

奥卡斯塔拒不认罪,但马丁承认了与奥卡斯塔的关系和杀害威廉的事实。案件最终告破。

每当发现尸体，侦查人员首先要问的问题就是"他是谁"。因为大多数凶杀案中的死者都是死于认识他们的人手中，所以确认了尸体的身份也就离找到凶手更近了一步。但也正是因为这样，凶手往往会想尽一切办法藏尸匿迹，幸好尸体往往很难完全不着痕迹地被处理掉，有着专业知识的法医往往能从烧焦的尸体或者碎尸中找到细微的线索。

当然也有一些杀人凶手与死者并不认识，这种案件的发生往往是很突然的激情杀人，这种情况下，凶手不会提前有充足的计划去处理尸体，经常是在很慌张的状态下逃窜的，现场会留下很多犯罪痕迹。

不论是什么情况，弄清死者的身份都是需要首要处理的问题，只有这样才能查到死者和凶手可能出现的交集。

Truth 冷知识·真相

如果凶手只是毁坏了尸体的脸部和手指，那么查找尸源并不是一件很难的事情，因为牙齿、骨头和 DNA 都会给法医提供很多线索。如果是刻意想让警方找不到尸体或难以判断尸体的身份，很多凶手会选择将死者碎尸或焚尸。

对于碎尸来说，要想查找尸源，首先要做的就是尽可能多地收集尸块。越多的尸块就代表着越多的线索，法医将从尸块中找到的信息交给警方，警方就可以缩小查找尸源的范围。失踪人口可能有几万人，但经过缩小范围后，可能就只剩下三五个了。

缩小范围的方法就是从碎尸块中判断出死者的身高、年龄、性别等基础信息。

利用人的长骨，比如胸骨、肱骨、尺骨、胫腓骨等，可以判断出人的身高。不过因为有的人胳膊偏长，有的人腿偏长，所以这种方法还存在一定的误差。但是如果有多根长骨，分别用这些骨头来计算，得出平均值，结论就比较准确了。

判断年龄最好的方法是利用耻骨联合面形态，通过这种办法推断出的死者的年龄非常精确。这种方法需要根据耻骨联合面上的诸多形态特征，辨别各特征形态属于几级，然后再将几级对应的系统套用回归方程来进行计算。除了耻骨，牙齿的磨损度和胸骨、肋骨、椎骨、锁骨的形态变化等都可以用来判断死者的年龄。

还有就是性别，在尸体完整的情况下，判断性别是非常容易的事情，但如果是碎尸，比如只有看不清脸的头部和腐烂了的腿部，判断性别就变成一个需要鉴别的问题了。

判断性别的最佳位置是骨盆，耻骨联合下角小于90度为男性，大于90度为女性。除此之外，人体的大多数骨骼，都可以用来判断性别。

得到了这些基本信息，就可以去失踪人口中进行排查了，利用失踪人员直系亲属的DNA进行比对，很快就可以知道死者的身份了。

35 通过牙齿可以判断死者的身份吗？

2017 年年底，某公安机关接到报案，有人在一个水沟中发现了一具无名男尸。公安机关通过回放当晚的监控视频，发现死者是一名网约车司机，凌晨时分从市区拉着一名年轻男子行驶到郊区后遇害。

3 天后，警方从 100 多千米外的一个饭店里将犯罪嫌疑人抓获，但是唯一能指证他的证据就是死者左上臂的一个咬痕。犯罪嫌疑人拒不承认罪行，咬痕成为唯一的线索。

为了确定咬痕和犯罪嫌疑人之间的关系，警方四处寻找专业人士，最终辗转找到了口腔医学教研主任李教授。李教授找来自己的两个学生做助手，警方也委派了一名法医来协助他们。

齿痕本身是很有特征性的罪证，但是他们却发现犯罪嫌疑人小时候做过牙齿正畸，他牙齿的个性化特征几乎没有了。

但李教授和助手们都没有放弃，他们将犯罪嫌疑人的牙齿模型和受害人身上的咬痕一颗一颗进行对比，从细微的个性化特征进行分析，每颗牙齿对比六七次后，再计算十余次。在熬了一个通宵后，他们终于发现犯罪嫌疑人牙模上的两大特征与被害人身上的咬痕吻合，他与真正的凶手不是同一个人的概率在十万分之八以下。

一周后，犯罪嫌疑人终于认罪，交代了犯罪经过。

根据牙齿痕迹可以对人身进行同一认定，每个人的齿痕就像是指纹一样，都具有独一无二的生理特征，齿痕和指纹一样，都是法医破案的关键证据之一，而齿痕可以比指纹保存得更长久。

在犯罪现场，牙齿既可以被犯罪嫌疑人用来咬食物，也可能像案例中一样作为伤害受害人的手段。所以，凡是在现场可能留下牙齿痕迹的物品，比如食物的包装、受害人的尸体、犯罪嫌疑人的身体等，这都是我们寻找齿痕的重点部位。

发现齿痕其实并不难，要注意的是提取齿痕的方法。

如果是食物上的齿痕，最好用冷冻法将其保存下来，以防食物腐败，再用硅橡胶、石膏等物质进行制模。

对于遗留在人体上的齿痕，可以用拍照法提取。尸体上的齿痕，可直接提取附有牙齿痕迹的部分组织皮肉，放入10%的福尔马林防腐液中保存或放入冰箱内，再用制模法提取，以便长期保存。

Truth 冷知识·真相

有时从牙齿的情况也可以判断年龄。乳齿一般在6个月左右长出，2岁长满20颗，七八岁开始换牙，第一大臼齿开始生长。11岁左右，乳齿全部换成恒牙。16岁前，长出第二臼齿。25岁左右，长出第三臼齿。大约13～23岁，齿尖开始磨损。24～35岁，齿尖磨耗，露出黑点，也就是齿质点。约36～55岁，齿质大片暴露。大概在56岁以上，齿质会全部暴露，可以看到齿腔。

在事故发生后，如果死者血肉模糊，看不清脸部，牙齿也常被用来判断死者的身份。比如，根据死者家属或牙科病历提供的镶牙、补牙的情况，或者根据死者牙齿测定血型、性别、年龄，这些都可为认清死者身份提供依据。美国"9·11"事件后，很多尸体都是通过查对牙齿来辨认的。

用牙齿来辨别身份的方法既简单又准确。希特勒在自杀前吩咐他的下属，用毛毯将他的尸体裹起来，抬到花园里，浇上汽油烧掉。因为那个时期，科学技术还没有办法辨认烧焦的尸体，所以苏联红军不能确定希特勒到底死了没有，于是这就成了历史上的一桩悬案。直到31年后，挪威的一名专家才证实了尸体上的牙齿就是希特勒的。

齿痕不仅有利于警方识别身份，还可以帮助警方了解和掌握犯罪的人数、是否有搏斗、犯罪嫌疑人在现场的活动情况等。

36 法医是怎样鉴定死因的？

一名环卫工人在郊外发现了一个塑料编织袋，打开后竟然发现里面是一个肢体躯块。接到报警后，民警立刻对现场进行了封锁，等待法医来取证。

王法医在检验中发现，尸体残存的颈部皮肤上有一小块片状擦伤，皮下软组织有出血，内脏有明显的机械性窒息症状，符合被人掐住颈部导致窒息死亡的情况。编织袋中除了尸块没有其他物品。

尸体没有头部和下身，现场找不到其他有价值的线索，无法辨认死者的身份，眼看着案子就要变成一桩悬案。

王法医在其他证据缺乏的情况下，一遍又一遍地检查仅有的尸块。他发现，死者体态较胖、皮肤粗糙、双手有茧、子宫口呈一字型。他得出的结论是，死者为女性，身高160厘米左右，年龄大约38岁，有生育史，从事体力劳动，可能是农村进城务工人员。

另外，尸体左手食指指甲的一个几毫米的小劈裂引起了王法医的注意。他判断死者生前一定与犯罪嫌疑人进行了搏斗，虽然这枚指甲缝中并没有肉眼可见的血迹或者皮屑，但他还是小心地将这枚指甲剪了下来，送到了生物物证实验室。

结果很快就出来了，指甲中检测出了一个男性的生物物证，与刚刚刑满释放的程某的生物信息相匹配。经过调查，最终确定了程某就是杀害女死者的凶手。

在很多案件中，法医都起到了相当重要的作用，也有很多影视作品中讲述法医这个职业。但是真正的法医是怎样工作的呢？

法医的工作通常都在尸体解剖室进行。如果需要现场解剖，如发生在偏远山区或者农村地区的案件，法医必须携带全套解剖器械、固定液以及盛装检材容器，选择光线充足且僻静的地方，应用便携式解剖床或临时搭建的解剖台，并尊重当地群众的风俗习惯。

如果案件清楚，死因简单，比如说自杀，且死者家属不接受解剖，可不解剖。如果明确他杀，必须在固定现场状况和尸体状态拍照后再搬动尸体回尸体解剖室。

T ruth 冷知识·真相

　　法医是隶属于鉴定机构的，所有的案件都是由鉴定机构接受司法机关的委托，才进行鉴定。鉴定机构并不是对所有委托的案件都会受理，首先要对送检材料进行审查，如果材料不够，有可能不受理或者让其补充材料后再受理。

　　对于尸体来说，所谓的材料就是被检尸体和一些相关的病历等。最常见的鉴定是死因鉴定，有时也会有死亡方式、死亡时间、致伤物推断等委托事项。在书面委托中，一般会写明是什么案件，以及需要鉴定的事项。

　　如果鉴定机构决定受理检验，必须指派两名以上的法医进行检验鉴定。

　　很多人认为法医的检验过程就是解剖，但其实在这之前，法医需要先了解案情经过，再进行现场勘查，然后再查看现场和相关资料，最后才是尸检。

　　对于一些案情比较清楚的案件，一些有经验的法医，根据案发经过和死者死亡过程就可以基本判定死因，只是要通过进一步的解剖来求证。

　　在尸检之前需要先对尸体进行 X 光扫描，这样可以提高解剖的针对性。尸检一般分为现场尸检、尸表检验、尸体解剖、开棺检验、尸块检验等。各种不同的检验有不同的检验要求和方法。

　　尸检是一个非常细致的工作。一般情况下，法医先进行尸表检验，然后颅腔、胸腔、腹腔都要打开，脊髓腔、关节腔、会阴部以及下肢深部血管都要查看，而且一般要提取全部的脏器做病理检查，并提取毒物检材进行分析。

这种尸体解剖最少要两个小时，有时可能要三四个小时，甚至更长。解剖过程中，法医首先对各脏器进行原位观察、记录拍照，取出后再观察记录、放比例尺拍照，切开观察也要记录拍照，最后再提取。

一般情况下，除了空腔脏器（像胃、肠一类的中间含有大量空间的脏器）会进行部分提取外，其余实质脏器都是全部提取的。将脏器提取出来，检查记录之后，立刻用4%的甲醛溶液添加到脏器中，防止它被自体酶和细菌侵蚀。这个过程叫作"固定"，固定时间在两周以上，中间要根据情况换一两次固定液。

下一步就是病理分析，也就是提取组织做成适合显微镜观察的薄片。一般要经过取材、固定、脱水、透明、浸蜡、包埋、切片、染色、封片等流程。这种薄片的厚度只有3～5微米，差不多相当于A4纸厚度的二十分之一。这里面的每个流程都非常复杂，但是好在现在有些步骤可以用机器直接完成。

最后一步封片之后，就可以在光学透射显微镜下进行观察了，少则几十，多则数百张片子，都要在显微镜下一一仔细观察，发现肉眼看不到的外伤、病变等细微变化。然后根据尸表检验、尸体解剖、组织病理情况、毒物分析，再参考案发现场环境、案情等，综合所有资料进行分析。

有时可能需要多名法医共同开会研讨，甚至邀请业内专家一起研究，最后完成整个鉴定，出具鉴定文书，送达委托人。

后面还有可能需要给当事人做解释或者出庭作证。

整个法医检验鉴定是一项非常复杂的工作，要仔细观察每个细节，怀着对生命的敬畏去解剖，抱着公正的态度去思考。即便过程顺利也需要将近一个月的时间，有些复杂的案件会更长。

如果被检测的尸体生前有传染病，法医就会有被传染的风险，而且在检查的过程中，很多试剂都具有强刺激性、强腐蚀性或者强毒性，一不小心就会中招。

法医的工作虽然细致又复杂，但并不是所有的尸体都能找到死因，有些用尽方法还是找不到明确死因的尸体，只能认定为不明原因的疾病致死，这也是科技水平带来的限制。

37 怎么发现尸体上的针孔?

一名中年男子焦急地背着自己的妻子跑到医院来抢救，医生见此情形立刻为患者进行检查，但发现患者的呼吸已经停止了，医生尽自己最后的努力一边进行心脏按压、人工呼吸，一边准备做心内注射，结果还是没能救回她。

男子说自己的妻子平时身体就很差，常头晕、心脏也不好，但昨晚睡下的时候还没有特殊情况，今天早上却怎么也叫不醒了。

医生在给患者做心内注射的时候发现其心脏位置有一个注射针孔，询问男子是什么原因造成的，男子解释不清，并且神情慌张，于是医生就产生了怀疑。出于对死者的负责，医生将尸体放在停尸间，并打电话通知了公安局。

医生和法医一起给尸体做了尸检，发现针孔颜色较黑且周边隆起有硬感，不像一般注射留下的针孔。事后他们在死者胃中发现了氯丙嗪，针孔周围出现电击斑。死者很可能是在吃过药昏睡时，被电针电击致死。

警方在死者家中搜出了一部旧电针灸治疗机，死者的丈夫在证据面前不得不认罪。

死因在案件调查的过程中起到了至关重要的作用。为了混淆死因，很多不法分子会想到向受害人的身体中注射可以致人死亡的药物这种方法。在电视剧《还珠格格》中，容嬷嬷用针扎紫薇，也是因为针孔非常小，不易被人看出来。

可是针孔非常小，人死亡后针孔还会在尸体上呈现出来吗？法医是用扫描的机器来找针孔，还是用其他什么方法吗？

Truth 冷知识·真相

就目前而言，注射针孔都是用肉眼来进行辨识的，并没有可以用来扫描针孔的机器或者其他检查方法。

虽然注射针孔很难被看出来，但在针扎入皮肤的时候通常会留下红褐色的针点痕迹，这个红褐色痕迹是针头刺入皮肤时所含的小滴干燥血迹。

如何排除自杀的可能性？注射点所在的位置可以提供帮助。法医如果发现注射点位于背部、股沟或者其他受害人自己碰不到的位置，就可以排除自杀，很可能是一起蓄意谋杀案。

38 人死后多久尸体会完全腐烂？

2001年3月，某建筑工地上，一辆挖土机在工作时，在4米多深的地下突然发现了一座清代古墓。

人们在打开棺材时，突然从棺内飘出了一股浓郁的香味，几百米外都能闻到。更让人惊讶的是，棺内的女尸竟然像还活着，只不过像睡着了一样。尸体头发乌黑，在脑后盘有发髻，皮肤白皙，肌肉丰满，关节仍然可以灵活弯曲，肌肉也可以注射针剂，连指甲上的红甲油都清晰可见。尸体的完整程度难得一见。

女尸身长164厘米，重44千克，肢体匀称，身材修长，还有"三寸金莲"。相信她生前一定是位绝色女子。

这具清朝女尸从下葬到现在至少也有一百多年了，按理说早就应该成白骨了，但是她出土时竟然还像活着一样。当地博物馆馆长苏肇平经过多次考察论证，认为女尸保存完好的原因有以下几点：

（1）棺木材料好，都是名贵木料。

（2）密封严，有三层棺椁，棺椁之间都有很厚的糯米汁和生石灰混合层，既能吸水防潮，又能消毒杀菌。内棺用燕尾槽密封，与外界空气隔绝。

（3）埋葬深，棺木距地表 4 米，相当于一个真空带。

（4）尸体进行了防腐处理，用了一些耐腐蚀药物。

（5）下葬时是冬天，尸体不易腐坏。

（6）死者在死前水分已经大量流失，女尸脖子处有"T"字形伤口，身体水分和血液从此处流出。

要满足以上这些条件，才可能出现一具保存如此完整的女尸。但正常情况下，尸体很快就腐烂了。那么人死亡后，正常情况下多久会腐烂呢？

Truth 冷知识·真相

判断死亡时间对于调查杀人案来说非常重要，而尸体腐败的速度与环境温度、死亡原因和个人体质的关系极大。所以我们介绍的尸体现象是以春秋季节为基础的，夏季会加快，冬季则变慢。

尸僵在死后 1～3 小时开始发生，4～6 小时会在全身各大关节出现，24 小时全身达到顶峰。在死后 4～6 小时内，人为地将已形成的尸僵破坏，尸僵不久后仍可重新发生，但强度较原来尸僵为弱。这种现象称为再僵直。若死后超过 6～8 小时，遭破坏的尸僵将不能发生再僵直。

体格一般的成人尸体，体重不超过 70 千克，如果环境温度低（2～9 摄氏度），则死后每小时平均下降 1 摄氏度，盛夏时，每小时下降 0.5 摄氏度，气温超过 40 摄氏度，则不会发生尸冷现象。

死后约 2 小时，尸斑呈小块或条纹状；3～6 小时融合成片，逐渐扩大，颜色加深呈紫红色，周界范围模糊不清；6～12 小时后，仰卧位尸体在躯干、颈部及四肢背侧呈现暗紫红色，而臀部、肩胛部等支持重量的部位呈现苍白色；24 小时后，指压尸斑不褪色。

因为在回盲部容易积滞粪便，所以死后该处发生腐败较早，产生的硫化氢较多，所以尸绿会在死后 24 小时后首先出现在右下腹部。死后 2～3 天，尸体会出现腐败血管网，死后 3～5 天，头发易脱落，出现腐败水泡。死后 3～7 天，出现腐败巨人观。尸体腐败扩散到全身时，尸体软组织内充满腐败气体，使整个尸体膨胀、体积变大、面目全非，称为腐败巨人观。死后两周左右，尸体手脚的皮肤会呈手套状脱落，全身软组织腐烂。

成人化成木乃伊需要约 3 个月的时间，地面上的尸体白骨化需要数月到 1 年左右，尸体软组织完全消失需要 3～5 年的时间，死后 10～15 年，骨骼会干燥、脆化。

如果尸体在土中，没有接触空气，其腐烂速度会是正常速度的八分之一，在水中会更慢。

39 死后手指会呈灰色吗？

2014 年，"海鸥"台风席卷后，很多地方的电线都被吹断了，灾后电力的抢修工作刻不容缓。

在配电所工作的朱某，发现 10kv 公变 B 相高压跌落式熔断器发生了故障，他准备立刻上去修理。但是他忘了拉开台变高压侧隔离开关，在没办理工作票、没验电、没挂接地线、没戴绝缘手套和安全帽、没系安全带的情况下，朱某登上了高压带电的配电变压器台架。

朱某冒险触碰变压器高压侧 B 相接线柱上的螺丝，其漏出的电流从朱某左手经心脏到接触台变外壳的腹部形成放电回路，造成朱某触电死亡。

电工是专业从事与电相关的工作的，在非专业人士的眼中，电工大概是最不该触电身亡的人了。可是专业并不代表安全，俗话说"善游者溺，善骑者堕"，同样，电工比其他人更容易触电。

电是一种非常危险的东西，近些年，有人被电电死的新闻层出不穷。一般情况下，如果电压不大，而且只电了一下就与电源分开，并不会造成死亡这么严重的后果。但是触电之后，人的行为往往自己无法控制，没办法远离电源，这样就会出现一些不可挽回的伤害了。

如果被家用电源，大概 220 伏特电压电死的话，一般来说没有身体伤害的痕迹，触电部位会出现触电斑痕，身体会僵硬、发凉；如果触碰地铁的第三轨（大约 750 伏特电压），而触电后不能摆脱电源，身体就会被烧焦；如果是被中高压电流电死的话，死者的发梢会有些微烧焦，身体肌肉极度僵硬，电流从手指尖流进身体所形成的烫伤会使手指变成灰白色。

T ruth 冷知识·真相

电死的人如果身体与电线接触时间长，会形成明显的电烧伤，甚至暴露骨质。如果与电线接触的时间不长则可能会形成电流斑。

电流斑又称为电流印记，它的形成是由于带电导体与皮肤接触，电流通过完整皮肤时，在接触处产生的焦耳热及电解作用所造成的一种特殊的皮肤损伤。皮肤角质层较厚的部位电阻大、电流通过时产热多，易形成典型的电流斑。

电流斑一般呈圆形或椭圆形，直径5～10毫米，呈灰白或灰黄色，坚硬、干燥、中央凹陷，周围稍隆起，外周有充血环，与周围组织分界清晰，底部平坦或见裂缝，有时还附有灰烬和溶解的金属碎屑。

并不是所有电死的人身上都有电流斑，如果不是和电线直接接触，留下电流斑的可能性不大。

每个人对电的承受能力是不同的，有的人被闪电击中好几次却没死，那是因为人体本身有一定的电阻，由于人的体质不同阻值也会不同，有些人的阻值会非常高。但不管我们自身的阻值高不高，都一定要安全用电。

40 利用汗液也能追凶吗?

一处平房发生入室盗窃案,案发现场的塑钢窗户被撬开,上面的锁都变了形,受害人家里的台式电脑被偷走了。犯罪嫌疑人很明显是从窗户进出的,所以警方到达案发现场后就将窗户附近作为重点区域进行取证。

在窗框上和屋里,警方发现了很多粗线纹手套的痕迹,由此推断,犯罪嫌疑人应该是戴着手套作案的。

嫌疑人认为戴着手套就能避免留下指纹,可是在拆卸电脑连线、旋钮之类的地方都是必须用手的,戴着手套很不方便,他会不会摘掉手套呢?警方把可疑的地方都采集了,却没有发现 DNA 和指纹的痕迹。

没有指纹,也没有 DNA,该怎么锁定犯罪嫌疑人呢?这让警方犯了难。突然,一个小警员想到,当时是夏天,要撬开塑钢窗需要用很大的力气,犯罪嫌疑人很有可能会出汗。于是他们就在窗户周边仔细寻找,果然找到了一滴汗液。

警方从这滴汗入手,最终抓获了犯罪嫌疑人。

汗液是汗腺细胞分泌的一种液体,汗腺分布于全身的皮肤中。当我们处于很热的环境中时,身体会通过出汗来调节体温。在精神紧张等因素的作用下,人们也会反射性地引起汗腺组织的分泌活动,这种被称为精神性发汗,常出现在手掌、腋窝等位置。

每个人身上都有约 200 万～400 万个汗腺,女性的汗腺数量要多于男性，但男性分泌汗液的量要多于女性。汗液的气味是不同的，这种气味是由进入皮肤的细菌对汗液进行分解后产生的。

绝大多数犯罪嫌疑人在作案的过程中会紧张，再加上大多数犯罪行为都需要行动，像抢劫、杀人、盗窃等都需要不少体力，犯罪嫌疑人在行凶作案的过程中很容易就会出汗。警方在案发现场搜集证物的时候，寻找犯罪嫌疑人有可能留下的汗液对于破案有重要意义。

T ruth 冷知识·真相

要利用汗液来破案需要解决两个问题，其中一个是罪犯需要将汗液留在案发现场，另一个是要用汗液来区分不同的人。

我们在前文中已经说过关于犯罪分子会留下汗液的问题，人们在行动中都会不可避免地接触各种物体，所以犯罪嫌疑人很有可能会在案发现场留下汗液痕迹。

皮肤分泌的汗液中含有大量的氨基酸和代谢物，这些代谢物在人体中的浓度因人而异，但两个人的汗液中代谢物水平完全相同的概率几乎为零。

目前在侦查过程中，调查人员一般会忽略罪案现场的汗液，但在没有足够的 DNA 证据时，分析汗液可以快速确定罪案现场的人数。

虽然这个方法还不完善，不能像 DNA 一样锁定具体的人，但是它可以为案件的侦破提供一个方向。

41 人的死亡过程是怎样的？

一名女子在路上骑自行车，突然，前面一个骑车的男子急刹车导致女子躲闪不及，两人发生了剐蹭。

前面急刹车的男子对这起小纠纷的发生其实也是有一定责任的，但是他却先出口骂人，女子一气之下，上前给了男子一个耳光，两人厮打起来，结果在这期间，男子突然身体瘫软倒在了地上。

女子一开始以为男子是在装死，正好看到了路边有家医院，就想带男子去验伤，结果这家医院只是体检中心，因为害怕倒地男子会"碰瓷"，她就直接回了家，没想到对方竟然真的死了。

经过法医鉴定，被害人是因为情绪激动诱发冠状动脉粥样硬化性心脏病身亡。

生命活动的基础是新陈代谢，一旦新陈代谢终止，生命活动也会随之停止，也就是死亡。一般情况下，死亡是一个逐渐发展的过程，它是人体生命功能逐步丧失的结果。

法医学中将死亡发展过程分为三个阶段：濒死期、临床死亡期和生物学死亡期。虽然死因不同，导致死亡过程稍有差异，但是其中的基本规律是相同的。

濒死期是死亡过程的开始阶段，其间人常会出现面容苦闷、时有鼾声和血压升高等现象，然后意识会消失，各种反射会减退或消失，血压降低，脉搏和呼吸变弱或为周期性呼吸，身体的各个重要器官都发生严重紊乱和衰竭。

濒死期有时也会出现体温下降、意识模糊、大小便失禁、抽搐、昏迷等现象。这段时期的长短与死因、年龄和健康状况等密切相关，有的人只需几秒钟，有的则可持续几小时。如果是暴力性死亡，濒死期是非常短暂的，几乎没有。如果是慢性病者，濒死期都会比较长。而且身体健康者会有比较长且明显的濒死期，老年人和体质瘦弱者，濒死期会比较短，特征也不明显。

在濒死期，人仍然会有一定的生命反应，这有助于分辨是生前溺水还是死后被扔到水里，是生前被火烧死还是死后焚尸，区别就是在这个时期出现的。

如果在濒死期得不到救治，就会发展到临床死亡期。这个阶段，心跳和呼吸都会停止，各种反射完全消失。在这个阶段，表面上所有的生命活动都会停止，但其实身体内部微弱的代谢活动仍然在进行。如果使用人工呼吸机、心脏起搏器等急救措施，生命仍有复苏的可能。

在到达这一时期后，血液循环停止，大脑皮层耐受缺氧的时间为5～6分钟，抢救的最后机会就是在这个时间段内。在一些特殊情况下，临床死亡期可能会延长，甚至可以延长到一个小时或者更久。

生物学死亡期是指整个身体的重要生理功能已经停止并陷入不能恢复的状态。这也是一个逐渐发展的阶段，首先是大脑皮层和脑细胞坏死，然后是中枢神经系统功能的永久停止，最后是各个器官和组织功能的相继解体，发展到这个阶段的病人已经不能再活过来了。

42 胖子和瘦子的尸体冷却速度一样吗？

卡伦·卡朋特出生于美国康涅狄格州，从小就和大她四岁的哥哥理查德一起唱歌。小时候，卡伦曾因为超重而遭到嘲笑。17 岁时，被哥哥称为"胖家伙"的她体重达 65.8 千克，卡伦的母亲也打击她，说她不可能摆脱身材的问题。

在卡伦和哥哥正式走上音乐道路后，不管得到多少掌声和鲜花，卡伦的母亲都对女儿的夸奖惜字如金，总是说理查德做得更好。

1970 年，20 岁的卡伦因一曲 *Close To You* 使乐队一炮走红。随着事业的攀升，大家对卡伦的关注越来越多，有篇文章对卡伦的身材发表了苛刻的评价。从这时起，卡伦开始节食，她的体重不断下降。

无论是歌声还是人品，卡伦都是无可挑剔的，她滴酒不沾，更不碰毒品，她的纯洁在娱乐圈中实属难得。卡伦是个极度完美主义者，她遵从社会规则并渴望得到社会和家人的认同，这些认同中自然也包括以瘦为美的审美观点。

30 岁时，卡伦匆匆嫁给一个只认识了几个月的离异地产商，但不幸的是，她的丈夫和她的父母一样都是独裁者。1983 年，他们决定离婚，那时的卡伦已经患上了厌食症。就在办理离婚手续的当天早晨，卡伦因厌食症离世。

很多女孩都对自己的身材不满意，不论是胖子还是瘦子，都在减肥。近些年，有些男性也加入了减肥大军。可是就像案例中的卡伦一样，如果减肥不当，会引起厌食症，甚至会有生命危险。

这里面还涉及另一个问题：什么是胖，什么是瘦？

衡量胖瘦的标准有几种，比如：BMI、体脂率、腰臀比等。

所谓 BMI 指的是身体质量指数，这是国际上常用的衡量人体肥胖程度和是否健康的重要标准，主要用于统计分析。体重指数 BMI= 体重 / 身高的平方（国际单位 kg/m^2）。

如果 BMI 数值低于 18.5，则属于偏瘦；BMI 数值在 18.5～24.9，属于正常；BMI 数值超过 25，为超重。亚洲人的体格偏小，用世界标准来计算是否肥胖不太合适，所以专家认为，亚洲人的标准数值应该在 18.5～22.9 之间，低于或超过这个区间，患病风险就会增加。

体脂率是指人体内脂肪重量在人体总体重中所占的比例，又称为体脂百分数，它反映了人体内脂肪含量的多少，从另一个侧面说明了胖瘦的标准。有些体重较重的人是因为身体中肌肉含量比较高，有些体重较轻的人体脂率却不低。而身体中脂肪所占百分比也和健康有着密不可分的关系，所以要尽量让体脂率保持在正常范围内。

可以用生物电阻抗分析法（BIA）测量法来测量自己的体脂率，正常成年人的体脂率，男性为 15%～18%，女性为 25%～28%。

腰臀比是判定中心性肥胖的重要指标，腰围和臀围的比越小，说明越健康。女性的数值不能超过 0.85，男性不能超过 0.9。

一般来说，脂肪堆积在腰腹部比堆积在大腿和臀部，对身体的危害要大得多，腰腹部肥胖容易患糖尿病、高血压、冠心病、中风等。

Truth 冷知识·真相

身材不同的人不仅在生病概率上有所不同，在死后尸体的冷却速度上也是不同的。人体的正常体温，是由体内的产热散热保持动态稳定的，一般在 37 摄氏度左右。

人死后，因为新陈代谢停止，体内不能继续产生热能，而尸体内部原有的热能仍然在通过辐射、传导、对流和水分蒸发等方式不断向外界散发，使得尸体温度降低，逐渐变冷，直至与外界温度接近或略低于外界温度，这种现象被称为尸体冷却。

尸体冷却速度的快慢常常会受到各种内部和外部因素的影响。

一般来说，儿童和老年人的尸体冷却快，青壮年则较慢。

因为脂肪有保温作用，散热慢，所以肥胖的尸体比瘦弱的尸体冷却得慢，这里说的肥胖，指的就是体脂率高的。

43 如何通过苍蝇鉴定死亡时间?

2003 年春天，有两个人到河边钓鱼，突然发现旁边的草堆里有蛆虫，再一抬头，看到草堆里竟然有一具死尸，他们立刻报了警。

死者为女性，全身赤裸，死因是机械性窒息死亡，表面现象看起来像是一起奸杀案。民警对附近走访后找到了死者的丈夫，他就住在不远处的小区里。

死者的丈夫是一名记者，死者失踪前后他正在外地出差，4 月 19 日他回到单位拿了些资料就又去外地了。4 月 26 日他从外地回来后才知道妻子失踪的消息，当即报了警。

警方在调查时发现死者的丈夫生活作风有些问题，他有作案嫌疑，可是没有作案时间。因为从尸体的腐烂状态来看，死者的死亡时间至少在 10 天之前，那时死者的丈夫还在外地。

可是这起案件的法医却提出请一位昆虫学家来协助破案，通过分析尸体上昆虫的发育阶段来确定死者的死亡时间。

昆虫学家了解到案发时当地气温已经到了 28 摄氏度，蝇卵的孵化和温度关系密切。然后他把现场采集到的蛆虫进行了分类，估计出蛆龄的大小。因为蛆虫孵化出来后会先毁坏其所到达的部位，然后才会向其他地方转移，所以观察在不同部位收集到的蛆虫的生长情况，再结合其毁坏尸体的规律，就可以准确地判断出死亡时间了。

结果证明，死者的死亡时间正是 4 月 19 日，而且死者的丈夫是乘 19 日晚上的飞机离开的，他回报社拿东西是在当天上午，剩下的时间行踪不明。

在证据面前，死者的丈夫不得不承认了自己将妻子活活掐死并伪造成奸杀的事实。

早在700多年前，南宋法医学家宋慈就利用昆虫学的知识来推断死亡时间了，比西方最早使用这种方法的案例早了620年。这种方法后来形成了一门学科，叫作法医昆虫学。

法医昆虫学是应用昆虫学和其他自然科学的理论与技术，研究并解决司法实践中有关昆虫学问题的一门学科，是法医学与昆虫学相互渗透、结合而形成的一门新兴交叉学科。通过对节肢动物的研究，基层法医工作者可以准确地判断出更加可靠的死亡时间。

20世纪80年代后，法医昆虫学得到了迅速的发展，国内外学者对此做了很多研究。但是这一学科的研究条件非常艰苦，相对于法医病理学、法医物证学等法医学主干学科，目前法医昆虫学相关方面研究的人员仍然不多。

Truth 冷知识·真相

对于一些在室外发生的杀人案，死亡时间有时很难判断，虽说尸体的温度、僵硬程度和尸斑可以用来做推断被害人的死亡时间的依据，但是这些情况并不一定准确，它常常会受到很多其他因素的影响。

昆虫是自然界中对尸体和血液高度敏感的动物，一般案件发生几分钟左右，昆虫就能闻到味道，抵达尸体处并产下卵。在一定的环境温度下，昆虫整个发育期或某个发育阶段所经历的时间是恒定的。所以只要知道环境温度和昆虫的发育阶段，就可以知道昆虫的发育时间，从而推断出尸体的死亡时间。相比其他方法而言，昆虫可以量化案发时间。

蝇蛆和甲虫是尸体腐败的重要因素，蝇类常常在很短的时间内抵达尸体并在上面产卵，当卵孵化成蛆，这些蛆会利用排泄物将尸体软化，再以此为食。

甲虫会因捕食蝇类幼虫或吃尸体的腐败组织而侵袭尸体并产下幼虫。甲虫幼虫的生长发育时间虽然比实际死亡时间有一定的延迟，但周期却比蝇类幼虫更长。

另外，蝇卵的孵化和温度有关，比如家蝇在夏季孵化期为8～24小时，16摄氏度时为36小时，低于12.6摄氏度或高于40摄氏度时蝇卵会死亡。

蝇类的生长期可分为卵、幼虫、蛹、成虫四个阶段，蝇类最常产卵的地方是在人体的自然开孔处，比如鼻子、眼睛、耳朵、肛门、生殖器等部位。而丽蝇最常产卵于脸部，很少在生殖器部位，但是如果死者在临死前曾遭到性侵犯，丽蝇会比较喜欢在生殖器部位产卵。

掌握了这几点，我们就能通过嗜尸性昆虫的发育规律来推断被害人的死亡时间。

L ink 冷知识·链接

不同地点的同一物种的 DNA 序列的某些点位是存在差异的，可以将这种差异制成常见嗜尸性蝇类的世系表及基因地理图。在犯罪现场收集到的蝇蛆等可以送回实验室提取 DNA，并与本地同种蝇类做对比，如果存在差异，说明尸体的发现地不是第一案发现场。

对于中毒而死的尸体，如果被啃得只剩白骨了，可以通过检测啃食尸体的蝇蛆体内的毒物来分析推断死者的死亡原因。

44 掌握血迹喷溅形态可以还原现场吗？

斯卡莉特已经怀孕 6 个月了。一天，她的丈夫菲利普下班回家发现她死在了家中。菲利普立刻报了警。警方在勘查现场时从菲利普的衬衣领口上提取到了斯卡莉特的喷溅型血迹。

一般情况下，人活着时心脏跳动才会对血液产生压力，血液在压力的作用下才会从伤口喷射出来。警方依此认定菲利普有重大作案嫌疑。

但菲利普坚称自己是无辜的，血迹是他抱妻子的时候被蹭到身上的。但警方并不相信他的说法，还是对他提起了公诉。

侦探伍德觉得案件有疑点，法医也告诉他，只有这一个证据理论上并不能作为菲利普杀妻的铁证。人死亡后，胸腔和腹腔中应该有一部分气体，由于拥抱这个动作会挤压身躯，气体就从身体中挤出来了，可能会从其颈部喷溅出血液溅到菲利普衣服上。

伍德重新对案件进行梳理，再去现场勘查，结果发现当时现场有第三人的指纹，并最终抓住了真正的凶手，菲利普得以无罪释放。

血迹是犯罪现场常见的痕迹，有打斗过程的地方，多数情况下都会有血液痕迹留下。血液痕迹在还原现场情况的时候可能比当事人要更诚实、更客观。

我们有时会在警匪剧中看到警察在现场做案件还原，案件还原的依据之一就是血液痕迹。而且警察还会根据现场血迹的多少来判断血液的主人是否还活着，因为人如果失血量达到1500～2000毫升就会有生命危险。

现场勘查中，血迹形态可以分为10种：喷溅状血迹、溅落状血迹、滴落状血迹、流注状血迹、抛甩状血迹、血泊、转移状血迹、擦拭状血迹、浸染状血迹、稀释状血迹。

T ruth 冷知识·真相

要用血液痕迹来还原现场，就要找到血迹的形状与发生位置之间的关系。

血液的角度是指血液落在载体上之前与载体的水平夹角，一般用 0°～90°来表示。圆形的血迹说明血液是垂直于载体落下的，椭圆形的血迹说明血液落下时与载体是锐角。

从血迹的形态还可以判断血迹形成的方向。滴落状血迹毛刺状突起较多的一侧表示血迹方向，现场如果有连续的这类血迹，则表示人受伤后的行走方向；擦拭血痕后，有拖尾的一侧表示擦涂的方向，或纤维倒伏的方向表示血迹擦拭的方向。

通过擦拭状血迹及抛甩状血迹的形态可以对作案工具进行分析。不同的工具沾上血迹后，抛甩形成的弧线的粗细和长短是不同的，而且带血的工具在擦拭物上形成的工具形态也是各不相同的。有些时候，工具在打击的过程中，工具上的碎屑甚至都会掉落下来。

对于喷溅状血迹、抛甩状血迹和流注状血迹可以进行阻隔还原，从而确定原阻隔物，即利用血迹形成时被某些物体阻隔后留下的空白区来判断阻隔物的形状。比如受害人被打后喷出的血液本应喷在墙上，却被犯罪嫌疑人的脸给挡住了一部分。那墙上血液的空白区就和犯罪嫌疑人的轮廓一致，可以据此锁定真凶。

45 假死是怎样造成的？

有一个建筑工人，晚上下班后回到家，因为太累了就赶快吃饭、洗漱，然后就睡觉了。可是炉子没关严，他煤气中毒了。

他妻子到家一看，丈夫脸色铁青，连呼吸都没有了，脉搏也不跳了。于是她只好给丈夫举行了一个简单的土葬。

后来妻子在整理丈夫的东西时，突然想起他们家有一个存折，好像被丈夫缝在了自己的衣服里。

这时已经是下葬后一周了，妻子赶快去刨坟。结果把棺材打开一看，里边的人满身是血，衣服全都撕碎了。

这证明她丈夫当时其实是假死，被埋到地下十几个小时之后，因为接了地气，他慢慢地苏醒了过来，可是又被活活闷死了。

假死又称为微弱死亡，是指人的循环、呼吸和脑的功能活动高度抑制，生命机能极度微弱，用一般临床检查方法已经检查不出生命体征，外表看起来好像人已经死亡，但实际上还活着的一种状态，经过积极的救治，往往能暂时或长期的复苏。

假死常见于各种机械损伤，比如掐死、溺死等；各种中毒；脑震荡、糖尿病等。也就是某种疾病导致的深度昏迷造成的一种类似死亡的状态。

在我国古代，人去世了之后，一般都要陈尸七天，看他是否能活过来，这是有科学依据的，可以防止假死情况的出现。

Truth 冷知识·真相

从外表上很难将假死和真正的死亡区分开来，但是假死的人经过抢救复苏的可能性极大，抢救的时机是个关键，如果耽误了时间，假死也容易变成真死。那么检测真死还是假死就变得很重要了。

首先，可以观察被检查者的眼底视网膜血管，如果血管内仍然有血液在流动，说明血液循环尚未停止，被检查者没有真正死亡。也可以压迫眼球使瞳孔变形，如果是假死，则解除压迫后瞳孔随即恢复圆形，如果是真正的死亡，则解除压迫后瞳孔仍然是变形的。

其次，可以透视心脏结构和运动状况或者做心电图检查，如果心脏仍在跳动，就说明是假死，心脏停止跳动就是真死。

最后，可以通过被检查者是否有微弱呼吸来判断其是真死还是假死。方法有很多，比如将冷却后的镜片放在被检查者的鼻孔前，如果镜片出现模糊不清的现象，就说明被检查者尚有微弱呼吸。或者将羽毛放在被检查者的鼻孔前，如果羽毛动了，就说明被检查者仍在呼吸，是假死。

46 人死后，体内的器官可以用来移植吗？

史蒂夫·乔布斯已经去世十几年了，但是直到今天，苹果手机和他的名字仍然紧紧地联系在一起。除了创造了巨大的物质财富外，乔布斯还曾因为接受肝移植手术而引发广泛争议。

乔布斯自2003年查出患了癌症后就一直在加州斯坦福就医，因为当地等待肝移植的患者太多，供求差距大，他的医生研究了一下美国的器官分配政策后，查出了田纳西州的孟菲斯的移植医院的肝脏供需比例比加州要好。

于是乔布斯就转院到了孟菲斯的一家医院，并于 2008 年获得了一位死于车祸的年轻人的肝脏捐赠。也是因为这次肝脏移植，让乔布斯在生命的最后两年半中仍然在事业上发散着自己的能量，吸引着世界的目光。

有人质疑乔布斯这种异地"插队"的做法，乔布斯的主刀医师表示，人们有权选择自己的治疗地。而且乔布斯是肝病末期，是器官移植等待名单上情况最危急的病人，这会提高他的综合分数，让他有较早得到器官的机会。

自从 1954 年第一例肾移植手术成功之后，移植手术已经成为器官衰竭的主要救命手术。也是因为这样，可供移植的器官短缺便成了一个全球性的问题，无论是发达国家还是发展中国家，等待器官移植的人数都远远超过可供移植器官的数量。

所谓器官移植，指的是摘除一个个体的器官并把它置于同一个体，或同种另一个体，或不同种人体的相同部位或不同部位。

目前，美国有 10 万多人在等待器官移植。至于供体和受体是这样联系上的：尸体捐献——器官采集——进入计算机系统——反馈给有关移植中心——通知候选人。

需要移植的病人由医生介绍到移植中心，是否需要移植是移植中心的医生来评定的。移植中心会对病人进行多项检查并了解病人的社会支持系统。如果移植中心决定接受这个人作为一个移植候选人，他们会将病人的医疗档案加入全国器官移植名单。

病人的信息会在计算机中保存下来并不断更新。当确认死亡的人的器官捐献后，负责收集器官的移植协调员会进入电脑数据库，在数据库中将这个供体特征与每个病人进行匹配，然后按照器官分配政策产生每个器官的受体候选人顺序名单。

　　等待器官的时间长短因人而异，其影响因素可能包括组织配型、血型、免疫状况和受体与供体之间的距离等。器官移植要给排队的第一名，有时第一名得不到器官有几个原因，比如病人没有准备好、身体状态不能接受大手术、捐献者与接受者器官不兼容等。

T ruth 冷知识·真相

　　器官移植实际上是所有人基于自己的身体权实施的一种行为，而身体权指的是公民维护自己身体的安全并支配其肢体、器官和其他组织的权利。

　　器官捐献一般情况下都需要在捐赠人还活着的时候摘取，尤其是肾脏和肝脏，而心脏和肺脏最晚在人刚刚去世的时候摘取。

　　大部分身体器官在摘取后需要用冰桶冷藏并立刻送到移植机构尽快移植，像角膜和骨骼等器官往往只要保持湿润和防止腐败就可以。但是有些内脏器官从摘取到移植的保存时间却比较短，肺脏是 2～4 小时，心脏是 4～6 小时，肝脏是 12～18 小时，胰脏是 12～18 小时，肾脏是 24～48 小时。

47　解剖尸体时还会不会流血？

2002年春节前，吴某、王某、张某、钱某四人合谋将20多名女性陪侍人员骗到了出租屋中，用刀逼迫被害人，将她们捆绑住，然后敲诈她们的钱财，钱到手后又将其碎尸。

他们将人用棍子打、刀刺、绳子勒等方式杀死后放血，再将尸体肢解成大块后剁成小块，放在锅里煮，接着再用绞肉机绞成肉馅，骨头用钳子夹碎后扔到饭店的垃圾堆或垃圾车里。其作案手段凶残无比，只是听着就让人感到毛骨悚然了。

因为出租屋的下水道堵住，人们才发现了这件事。吴某和王某回出租屋时正赶上便衣警察来调查情况，他们猜到事发了，但是因为出租房里还有几个人的证件，所以他们还是装作淡定地上了楼。等警方查到案发现场的出租屋时，二人早已没了身影。

四人连同家人一起隐姓埋名搬到了外地，甚至还组建起了家庭，做着生意。但是最终他们还是没能逃脱法网，被警方捉拿归案，得到了应有的惩罚。

案例中的犯罪嫌疑人在杀死了被害人之后，先将其放血再碎尸，目的是在将尸体剁成尸块的时候不会流太多的血。那么法医在做尸检的时候也会将尸体先放血吗？

这里面涉及一个死亡时间的问题，如果死者已经死亡超过12个小时甚至尸体已经产生腐败现象，这时的血液已经完全凝固了，解剖时就不会流血了。

　　如果是案发后不久，尸体血液还未凝固，那解剖尸体还会流血。但法医做尸检也不会有专门放血这个步骤，因为没有意义。更重要的是血管中血液的情况也属于尸检项目，如果直接放了出来，就没有办法分辨是哪个部位的血了。而且，尸检中从心脏里直接取到的血样是重要的毒化和 DNA 检材。

T ruth 冷知识·真相

　　法医尸检常见的下刀轨迹，是分别从两侧肋骨中间位置竖着切开，然后将胸前中间的骨头掀起来。即使是死后不久的尸体，在这个过程中基本上也是出不了多少血的，一方面是避开了出血位置，这个位置没有什么特别大的血管，另一方面是因为心跳没了，血压就没有了，血不会像活人做手术那样往外涌。

　　不过在胸锁关节这个地方，如果下刀比较深的话，容易把锁骨下静脉弄破，就会流出一摊血。出血会污染附近的肌肉，虽然可以擦掉，但是擦不了太干净，会很麻烦。

　　法医将胸腔打开后，通常是直接在这里就把心脏拿出来，顺便在这里取血样，身体中大部分的血就在这个时候放掉了。将血清理干净后，再切颈部的时候就不会出血了。

　　死亡时间长了之后血液就会发生凝固现象，在尸体表面看来是尸斑，其实就是血液凝固后的血块。

48 毛发在法医眼中有多重要?

2012 年，28 岁的小雯被人杀害。警方赶到现场时发现她死亡时的姿势是仰面跪姿，上身赤裸，下身的裤子被脱到脚踝处。附近有大片倒状杂草、折断的树枝和小雯干农活用的锄头。

尸检报告称，小雯的头部有两处"Y"形伤口，脖子上有伤痕，是机械性窒息死亡。

案发第三天，警方抓到了一个犯罪嫌疑人——张某。张某的身上和脸上有 28 处伤痕和皮下出血点，但是他本人却说不清这些伤的来历，而且犯罪现场获取的锄头上有张某的 DNA，他有重大作案嫌疑。

张某的家人认为其是被冤枉的，因为当天他一直在村子里喝酒，在烂醉的情况下，要在借口解手时穿过一片三四百米的树林和一条小河沟，再去强奸、杀人、抛尸，最后再回村喝酒，几乎是一件不可能的事情。但是当地中级人民法院一审认定张某罪名成立，判处死缓两年。

张某唯一一份认罪的口供是在连续审讯 50 多个小时后签的，而且审讯过程只有图像没有声音，这是不合法的。张某交代的犯罪过程与小雯的死因也并不吻合，案子存在很多疑点。

张某向高级人民法院提起上诉。

再次回到犯罪现场，警方在犯罪现场发现了一根毛发，这根毛发既不是张某的，也不是小雯的，它说明了现场有第三人的存在，或者毛发的主人就是凶手。在小雯下体中提取到的 DNA 也说明了这一点。

　　最终侦查人员将目光锁定到了与张某同村的孔某身上，还未成年的孔某对自己的犯罪事实供认不讳。被这件案子折磨了 4 年多的张某终于得以无罪释放。

　　一根小小的毛发让警方最终抓住了犯罪嫌疑人，既还了张某一个清白，也让小雯得到安息。

　　毛发由于易脱落、不易腐败的特点，成为犯罪现场常见的物证之一，在调查案件的过程中也成为重要的依据。

　　人体的毛发可以分为软毛和硬毛两种。软毛，俗称汗毛，遍布身体表面。硬毛生长于人体的某些特定部位，比如头发、睫毛、胡须、腋毛、阴毛等。

　　人体上的毛发会逐渐脱落更换，人的毛发有 10 万～20 万根，每个部位的毛发寿命长短是不一样的，头发为 2～5 年，腋毛为 1～2 年，眉毛为 3～5 个月。

Truth　冷知识·真相

　　毛发检验可以判断出其所属部位。

　　头发是人体最长的毛，中国人的头发多数可分为黑色、黑褐色或灰白色，根据形状可分为直发、波发和卷发三类，头发的横断面为圆形或椭圆形。

　　胡须是人体最粗的毛，长度仅次于头发，横断面类似三角形，皮质色素颗粒大小不一，分布不均。

腋毛毛尖较钝，呈褐色，长 2～4 厘米，表面可附着有汗垢等。

毛发还可以透露出性别信息。

男性的头发比女性的要粗、短、硬。男性的阴毛和睫毛比女性的粗。

男性和女性毛发中微量元素的含量也不同，一般来说，男性在氯、硫、铁等元素含量上比女性高，女性在钙、镁、锌等元素含量上则比男性高。

不同年龄段的人，毛发也是不同的。可以通过测定毛发中的色素含量来推断大概年龄。随着年龄的增长，毛发中的色素含量会发生变化，但是同一年龄阶段的人，毛发中的色素含量却大致相同。

另外，在停止发育之前，随着年龄的增长，毛发横断面直径会相应增大，所以如果毛发属于未成年人，就可以根据横断面的大小来判断其大致年龄。

除了以上这些，毛发还可以测定血型，有时还可以推断毛发所属者的职业、生活习惯等。

Part 4

杀人凶器

—— 案发现场会说话的"第三人"

万物皆可为凶器，凶器不会说话，
但法医会让形成的伤口讲述凶手的动作行为。

49 如何推断凶器种类?

晓峰到外地去做生意,看中了一家店铺。店主张女士提出要5万元转让费,晓峰嫌转让费太贵,双方僵持不下。

几天后,晓峰约张女士到自己所在的旅馆中商谈店铺转让的事情。因为转让价格没谈拢,双方发生争吵。晓峰抽出随身携带的水果刀威胁张女士。

张女士看到刀子,吓得大叫。晓峰上前制止她,但张女士持续不断地喊。晓峰怕引起别人的注意,用手捂住张女士的嘴,并用刀子在其颈部、胸前连捅数刀。

第二天,打扫卫生的服务人员发现了房间内的女尸,报了警。

警方将犯罪嫌疑人锁定为晓峰,并对他进行通缉。三天后,警方在火车站将晓峰抓住。但是晓峰拒不承认自己的所作所为。

在杀人案中,凶器是非常重要的物证。警方多方搜寻无果,证据链条无法形成。检察院对晓峰提起公诉。在法庭上,被告的辩护律师提出:在旅馆的床单上,验出了除死者之外的女人的血样,这应该认定为事实不清。一审判决结果是晓峰的杀人罪名不成立。

但是警方没有放弃搜查凶器,终于在几个月之后找到了本案的关键证物。晓峰最终得到了应有的惩罚。

其实在凶杀案件审理的过程中，凶器不是唯一重要的证据，只要其他证据确凿，物证链仍能成立，被告仍然可以被定罪。但是如果像本案一样，缺少重要证物——水果刀，再加上其他证物并不完整的情况下，犯罪嫌疑人就很有可能脱罪。所以凶器在这类案件中是非常重要的。

但是在很多情况下，即使是激情犯罪，凶手在杀人之后，也会把凶器带走藏起来，或者扔到某个非常难找到的地方，留在犯罪现场的很少。而且有的案件暂时还没有查到嫌疑人，这时如果能先找到凶器，再"以物找人"就会容易一些了。所以警方就经常需要去找凶器，这个时候对凶器种类的判断就显得尤为重要。

Truth 冷知识·真相

推断凶器的种类有几种方法：

（1）杀人案现场，警方都会进行尸检。而尸表检验和尸体解剖的目的之一，就是分析推断凶器种类。尸检所获得的信息包括损伤的部位、方向、形状、深浅、长短、数量等，这些信息反映了凶器的种类特征。

（2）在开展现场勘查工作时，刑侦人员一般都要对整个现场进行巡视。目的之一就是熟悉现场内外部的状态和现场环境。很多杀人案，警方在对尸体进行尸检之后，可以初步确定凶器是锐器还是钝器，但是不能确定凶器的具体种类。这时可以根据现场环境来进行推断，比如凶案发生在建筑工地，就可以从现场的石头、木棒、钢筋等物品着手分析。

（3）犯罪动机往往直接决定或间接影响了犯罪分子作案使用的工具。比如犯罪分子的动机是入室盗窃，那么他往往会携带螺丝刀、扳手等工具，这些工具有可能会作为杀人凶器。

（4）在分析杀人凶器时，不能忽视侦查人员的调查访问信息。一些杀人案中可能会有目击证人，如果目击证人反映说曾看到有人拿着某些工具或者听到某种工具的声响等，就可以将这种工具作为推断凶器种类的重点。

（5）现场留下的有关杀人凶器的痕迹，不仅仅存在于死者身上，现场也有可能会出现相关线索，尤其是死者与犯罪分子有过激烈打斗的现场，有关工具的痕迹物证就更多。比如凶器打在桌子、床等其他客体上形成的痕迹，还有桌面、地面等客体上附着的油漆、工具碎片等物证，都是刑侦人员分析推断凶器种类的依据。

将以上这些单项分析结合起来，经过比较，找出其中的内在联系，就可以得出最接近真相的结论。

50 枪伤具体是什么样子？

2010 年 8 月 23 日，一辆载有 20 多名香港游客的旅游巴士在菲律宾马尼拉市中心遭到一名持枪绑匪劫持。在对峙大约 11 小时后，菲律宾警方发起强攻，将绑匪击毙。这次事件共造成 8 名游客死亡、7 人受伤。菲律宾政府事后立即展开调查。

　　调查小组登上发生惨剧的康泰旅游客车，希望还原案发全过程。司机卢邦也到场讲解当时车内情况，并且扮演绑匪门多萨，模拟挟持人质和开枪杀人质的经过。

　　卢邦声称，在特警队进入客车之前，他用指甲钳打开了手铐，并从旅游客车的车窗跳下逃离现场。调查小组要求卢邦示范用指甲钳打开手铐的过程，但用了10多分钟都没有成功，他称当天被扣上的是另一款手铐。

　　法医报告显示，一些遇难乘客身上的枪伤和卢邦描述的也不一致。卢邦称绑匪是近距离射杀游客的，但如果开枪距离很近，枪伤周围应该出现灼伤痕迹，事实上死者身上的伤口却不是这样。

　　枪造成的危害比刀、棍子等冷兵器要大得多。也是由于枪的杀伤力大，在一些枪支不受管制的国家，有很多罪案的发生都与枪有关。在这些案件的事后调查中，根据受害人身上的伤口判断射击的角度、距离、枪支类型是很重要的部分。

　　我们常在电影中看到，男主角中枪了，但是却没有死，有时身中数枪还在顽强反击。观众们会被这样坚强的精神所感动，但事实真的是如此吗？

　　如果子弹是铅制的，在100米距离上直接命中的话，打中头部90%的概率会死亡；打中四肢20%会死亡，即使没死也会被截肢；打到心脏附近的整个左胸范围内100%会死亡；打中腹部的死亡概率是70%。而且如果子弹碎片没有全部从伤口中取出来，就会造成铅中毒；如果拿出来了，子弹在射入人体后会把一些衣物碎片之类的带入伤口，也会造成感染。

我们常说的枪弹伤是由枪支发射的弹头或其他投射物所致的损伤。而枪弹创种类与射击距离、弹道中有无障碍物、侵彻人体程度都有一定关系。

第一，按照射击距离分三种：（1）接触射击创，枪口距离人体0～6厘米，其射入口可能出现枪口印痕以及射入口的撕裂；（2）近距离射击创，枪口距离人体7～60厘米，主要表现为射入口周围有烟晕和火药斑纹；（3）远距离射击创，枪口距离人体60厘米以上。

第二，按外弹道中有无障碍物划分：（1）直射枪弹创，枪弹直接射入人体造成的创伤；（2）反跳弹创，枪弹击中地面或其他物体，反跳后射入人体造成的创，多为变形创；（3）枪弹与物碎片创，枪弹击中障碍物后与障碍物碎片一起射入人体。

第三，按侵彻人体程度分：（1）贯通性枪弹创，有射入口，射创管和射出口；（2）盲管枪弹创，有射入口，射创管，无射出口；（3）擦过性枪弹创，弹头以切线方向擦过体表所形成的创；（4）回旋枪弹创，动能已减弱的弹头进入人体后，碰到硬物（骨）不能穿透，沿骨面滑到相当距离后穿出皮肤，同样有射入口，射创管和射出口，但射创管呈曲线状。

下面我们就了解一下枪支对人体的伤害程度。伤害程度与枪的种类和子弹的口径关系很大。一般入口略大于子弹口径，出口根据弹头种类和速度的不同而不一样。因为子弹的速度很快，所以它在进入身体组织的时候，不仅会对本身路线上的身体组织造成破坏，对附近组织也会产生瞬间"空腔"的震荡破坏，导致损伤范围增大。

如果是被霰弹枪打中，它的子弹会像无数个小弹丸，呈发散角度射出。从中远距离击中肉体，子弹很难穿透，伤口就是无数个小洞，附带着肌肉烧伤。从近距离击中肉体，伤口就是一个坑，子弹会呈直线继续深入。

小口径手枪在中远距离击中人体一般不会穿透，近距离的话要看是击中了什么部位。如果击中四肢是完全可以击穿的，而且表面会形成进口小、出口大的创伤，内部形成空腔并伴有组织灼伤。

反器材狙击步枪如果打中小腿，整条腿都会飞掉，打中肚子，整个人都会炸开。

L ink 冷知识·链接

电视剧中的警察们在执行危险任务的时候都会穿上防弹衣，但其实防弹衣也并不能保证 100% 安全。

穿着防弹衣的人被子弹击中，会感觉到像是被一个 3.6 千克重的大锤重击了一下。猛地向后倒，可能会导致折断几根肋骨，同时由于头部的惯性和颈项的薄弱，颈部神经可能会折掉，让人立刻晕过去。

51 法医眼中的锐器伤是什么样？

某派出所接到报案称发生纵火案，于是前去勘验。

死者为公司总经理，死亡时上身所穿衣物从外到内依次是：黑色西装，竖条蓝色衬衣，白色内衣。下身从外到内的穿着是：黑色西裤，灰色内长裤，红色内短裤。所穿衣裤有部分烧损。

法医的验尸报告显示，死者颈部缠绕毛巾、胶带纸，双手和双脚都捆绑着绿色尼龙绳。尸僵已经在全身各大关节处出现，尸斑不明显，全身皮肤变红。尸体长175厘米，头发长3厘米。左右角膜和结膜囊未见烟灰附着，双瞳等大等圆，直径约3毫米。

头部与面部有二度烧伤，口鼻腔有黑色炭末附着。颈前部有两处裂创，长度分别为9厘米和7厘米，深达皮下。胸前没有明显损伤，腰背部和双臀部有大部分烧伤。右手虎口处有1.5厘米×1.5厘米裂创，右手近指间关节有1厘米裂创，左前臂有2厘米×2.5厘米挫伤，右腹部有3.1厘米刺伤，深达腹腔。

切开颈部可以见到气管内有大量黑色炭末附着，黏膜充血。切开腹腔后未见积血，腹腔脏器未见损伤。切开胃部后见到有少量积液。

根据法医提供的报告，我们可以得出如下结论：

首先，因为死者的颈部有毛巾和胶带纸，双手和双脚被尼龙绳捆绑，死者是无法自己做到这些的，再结合现场勘查，说明现场有他人的纵火行为。

其次，根据尸检报告，死者全身大面积烧伤，全身皮肤底层充血，口腔、鼻腔和气管内都可以看到大量的炭末附着，说明死者是生前被灼烧窒息死亡的。

最后，死者颈部和右手分别有两处裂创，右腹部有一处刺创，说明死者生前曾遭受锐器损伤。

所以，死者是先被人用锐器刺伤，然后再被火灼烧导致窒息死亡。

以上就是一份比较完整的对犯罪嫌疑人所用凶器的分析。

Truth 冷知识·真相

当机体受到机械性暴力作用后，器官组织结构会被破坏或者功能发生障碍。在法医学上，皮肤的连续性破坏者为创，未破坏者为伤。

损伤鉴定在刑事诉讼中占有重要地位。法医检验的目的是判断损伤的类型和轻重程度，是自伤、他伤还是意外伤，是生前伤还是死后伤，以及损伤和死亡的关系。通过检验，可以推断凶器。

损伤按照致伤物与造成伤害的方式来分类可以分为钝器伤、锐器伤和火器伤。我们下面先来说说锐器伤。

有锐利刃口或尖端的物件，比如菜刀、刺刀、匕首、剪刀、玻璃碎片等，作用于人体所造成的损伤被称为锐器伤。按照致伤物作用方式的不同，可以分为砍创、切创、刺创和剪创等，它们的共同特点是创缘整齐、创角尖锐、创壁和创底平整、创内无组织间桥、外出血明显。

　　锐器伤中的刺创指的是尖端尖锐而狭长的器具，沿该器具长轴刺入身体组织内形成的创伤。其中有两个关键点，一个是尖端尖锐，另一个是沿该器具长轴刺入身体。

　　那么就可以总结出，能形成刺创的凶器有刺刀、匕首、三棱刮刀、柳叶杀猪刀、剑等。这些锐器既有尖端，又有刃口，具有刺和刺切的功能。

　　另一类是具有锐利尖端，但无锐利刃口的锐器，比如铁钉、锥子、鱼叉等。这类锐器虽然不能使人体皮肤和肌肉组织断离，但可以使皮肤和组织分离。这种锐器刺入身体，也能致人死亡。另外，又尖又硬的竹子、木头、玻璃、陶瓷等也可形成刺创。

　　一个刺创基本包括下面三个结构：

　　（1）刺入口。也就是刺器在刺入机体时，在体表形成的创口。因为皮肤具有收缩性，所以根据刺器在皮肤上形成的损伤和皮肤的收缩会形成各种各样的创口。比如针或者钉子一类的锐器在刺入皮肤再拔出后，由于皮肤的收缩作用，创口会比实际的凶器直径有所减小。

　　此外，行凶者犯罪时的身体状况、心理素质等，也都会影响刺创创口的形态。

　　（2）刺创管。它反映了锐器刺入的力量、角度和方向。一般情况下，一个刺入口只有一个刺创管，但也会有例外的情况。就像在刺器刺入后，没有完全拔出来就进行第二次刺入，这时就会出现一个刺入口有多个刺创管的情况。

　　（3）刺出口。当锐器对人体形成贯通伤时，才会形成刺出口。当锐器较短，或用的力度不够，又或者锐器刺入臀部、大腿等富含强韧肌肉的部位而未能形成贯通伤时，就不会形成刺出口。这种没有刺出口的刺创称为盲管创。

根据刺创道的方向，结合现场情况，可以推测凶手作案的方式和凶手与被害者的位置关系，进而为推断刺伤过程、自伤或他伤提供依据。

52 砍创都是他杀造成的吗？

蒋某和妻子杨某外出打工很多年，他们的女儿也在他们打工的城市上初中，夫妻俩常因琐事吵架。

一天，喝了点酒的蒋某再次与杨某发生争吵。与往常不同的是，蒋某竟然一气之下冲到厨房，拿起菜刀向杨某砍去。杨某见情况不妙，赶快躲到女儿的房间中。蒋某追进房间连砍杨某数刀，还将女儿也砍伤了。

杨某和女儿哭喊着向蒋某求饶，蒋某这才放过妻女转身走进客厅。之后他企图用菜刀自杀，关键时刻被附近民警抓获。

经鉴定，女儿所受为轻伤，杨某为重伤。杨某和女儿向法庭提交了《谅解书》。辩护律师称蒋某因为喝了酒，当时的意识处于不清醒状态，对妻女的伤害主观恶意小，请求轻判。

蒋某连砍妻女头部、手部数刀，手段残忍，虽然在法庭中自称认罪悔罪，却仍然将犯罪原因推诿到酒精上，可见其并没有认真反省。法院最终判决蒋某犯故意伤害罪，判处有期徒刑 5 年。

案例中的蒋某用菜刀对其妻女所造成的伤害是锐器伤的一种——砍创。

砍创绝大多数情况下都会出现在他杀案件中，自杀或者自残的人一般不会采用砍自己的方式。

可以形成砍创的锐器有刀、斧两类。刀从不同的用途来划分，有菜刀、柴刀、杀猪刀等。刀类可以形成切创，又可以形成砍创。而斧头有木工斧、劈柴斧、肉斧、消防斧等。斧刃可以形成砍创，斧背可形成挫裂创、骨折、皮下出血等损伤。

砍创的特点是损伤数多，它可以分布在人体的任何部位。在他杀案件中，砍创常会出现在头部、面部、颈部。被害人有时会搏斗抵抗，所以四肢也容易形成砍创，但大多是抵抗形成的损伤。

颈部砍创的损伤程度是最重的，在颈椎上常常可以见到较深的砍痕，有时会导致颈椎离断和颈髓损伤。

Truth 冷知识·真相

用锐器进行砍击，因为力量大、速度快，所以也常常会形成骨质损伤，比如孔状骨折、凹陷性骨折等。

锐器呈垂直砍入时，切口是直线形，创缘平顺，创底平整，两壁间无组织间桥。斜向砍伤时，可形成瓣状创，瓣状创边略有卷曲。有时斜向砍击还会削去一部分皮肤、骨头，形成创面。

由于凶器的刃口、重量、形态各不相同，所以形成的砍创也不尽相同。

砍创的创口哆开明显，创腔深，常伤及下方骨组织，如刃缘全部砍入时，创口长度等于砍器刃缘长度，两创角较钝；非垂直砍击时创口长度则小于砍器刃缘，一侧创角钝，一侧较锐，创腔呈三角形。

砍击时若凶器沿刃缘长轴拖拉切割，则形成的创口长度就可大于砍器刃缘长度，称砍切创。体部较厚的砍器，创缘常伴有表皮剥脱。砍击在骨质上可形成砍痕，较重的砍痕可在颅骨上形成舟状骨折，或在骨质上形成切削平面。

砍创虽然多数情况下是他杀所形成的，但用刀类自伤的事件也时有发生。自己砍伤，创口多集中在双手可以到达的部位，而且创口的排列有一定的方向和规律，伤势往往较轻。自伤事件的现场往往会有砍器遗留，且受伤者或死者的手掌上没有抵抗伤。

在法医学上，根据砍创的形态、部位和排列情况，在一定程度上可以判断是自杀、他杀还是意外事故。

53 什么样的伤口是切创伤所致？

《洗冤录集证》中有一个案例，说的是李光曾死后，仵作给其验尸，发现死者仰卧在地上，脸色发黄，双眼紧闭，上下牙齿紧咬，嘴微微张开。

死者的喉咙下有一处致命刀伤，从左耳后一直到咽喉，约一寸四分长，一分宽。伤口皮肉绽开，进刀的地方割得很深，收刀的地方割得浅，但死者的整个喉咙还是都被割断了。

另外，死者的左胳膊还是软的，可以弯曲。于是仵作得出结论，死者是自己割颈而死的。

但是死者的父亲李钺却不同意这个结论，他说自己的儿子是被黄宝树鸡奸不遂杀死的，于是就带着尸体又到京城去控告。

京城里的衙门又找专业人士过来验尸，最终通过古代的蒸骨法检验骨质，证明了死者确实是切颈自杀。李钺因为诬告黄宝树而受到了法律的制裁，黄宝树的冤情得以平反。

切创，又称割创，是由具有锋利刃缘的锐器，压住皮肤同时沿刃口的长轴方向移动，切割皮肤及皮下组织而形成的损伤。案例中死者颈部出现的伤就是典型的切创。

切创的特点是创口长，创腔呈舟状，创角尖锐，常伴有拖刀划痕。

切器种类甚多，刃缘的长短不一，重量和大小相差悬殊，轻小无手柄的切器，如刀片、玻璃，这类因不便施加压力，造成的创腔较浅，多数只切及靠近皮肤表面的血管、肌肉和神经等组织。较大的有手柄切器，如匕首、菜刀，易于用力，造成的创腔较深，甚至会伤及骨骼，可在骨质上形成切痕，甚至造成骨质缺损。

切创创口的长度与切器刃锋的长短无关，主要取决于切割时刃锋移动的距离。

T ruth 冷知识·真相

切创多呈现梭形，合拢时呈线形。创口的长度一般大于深度，其长度取决于刀刃沿着体表压迫牵引移动的距离，与其刀刃的长短无关。如果在同一位置反复切割，多次形成的切创互相可以重叠连成一创，但在创角和创口边缘可能会出现多个锐角形小皮瓣。

切创与砍创有某些相似之处，比如创口边缘平整光滑，创壁无组织间桥。两者也有不同之处，具体表现在：

（1）创口位置：切创多在颈部、腕部、腹股沟、腹部和面部；砍创多在头部、面部、颈部和四肢。

（2）创角：切创创角锐利，可能有数条浅表切痕，并有延长线；砍创创角有锐角有钝角，有时创口呈三角形。

（3）创缘：切创创缘较整齐，一般难以发现表皮脱落和皮下出血，自杀切创可伴有浅刀痕；砍创创缘可能有较窄的表皮剥脱和皮下出血。

（4）创底：严重切创可伤及骨质，在骨上形成切痕；砍创多伤及骨质，在骨骼上形成砍痕或其他类型骨折。

切创在自杀和他杀案件中都可以见到。自杀切创创口常位于大血管表浅的部位，如颈部、腕部以及腹股沟等处，创口的方向决定于自杀者握物的习惯，多数创口平行排列，多在本人手能达到的位置，损伤程度多较轻，常在坐位或立位时造成，也可在仰卧位，但较少，常有试切创，无抵抗伤。

他杀切创除颈部常见外，可见于身体其他任何部位，方向零乱，与受害者本人用力方向不同，伤势多较重，常在卧位时造成，可见抵抗伤。

根据切创的形状、方向、部位，可以推断是自伤或者他伤，也可以推断致伤或致死的方法和死亡情况。

54 剪创伤口是怎样造成的？

20世纪50年代的一天早晨，一名工人在上班的路上发现了一具女尸，他赶快报了警。

刑侦人员到达现场后，看到死者仰卧在一棵小树下，双手被压在身后，用绿色的布带捆着，两腿呈八字形叉开，裤子被脱至臀下。尸体周围有几个波浪花纹的立体脚印。

警犬在距离现场不远处的小河沟里发现了染有血迹的一把剪刀和一条女士内裤。

经过法医的检验，死者的头部、颈部、胸腹部有锐器伤共29处，其中7处创口呈"V"字形。根据这一点，再加上染有血迹的剪刀来推断，死者是被人用剪刀杀死的。

由于尸体被发现时，下身衣物被褪去，很像是一桩强奸杀人案。但死者的下体及周围并无精液，所以警方推断不是先奸后杀。因为现场没有搏斗的痕迹，所以死者和凶手应该是认识且一起来到现场的。

寻找无名尸体的照片发出后，很快就有目击证人与警方联系，说曾经见到死者与一名军官在一起。顺着这条线索，警方查明这名军官是甄某，死者正是他的妻子何某。

经过一系列的调查，侦查人员发现，何某正是被她的丈夫甄某杀害的。甄某有了婚外情，他用剪刀将何某杀死后，又故意将死者的裤子脱下，伪造成奸杀的假象。

剪创是指以剪刀的两刃绞夹人体所形成的损伤。剪创分为剪刺创、剪切创以及剪断创。

剪刺创是将剪刀两刃合拢或单刃作为刺器刺入人体形成的创口，其形成机理与刺创相似，但与一般单刃或双刃刺器不同，因它反映出双剪背的形状。张开的剪刀用力刺入人体，其深度不超过两刃结合部时，可在皮肤上形成大小不一、距离不等、两两相对的爪子形剪创创口，两个相对应创口的内侧形成创角锐，外侧创角为剪刀背部，则形成创角钝。创口可见有不同程度的表皮剥脱及皮下出血。

剪切创是剪刀双刃合拢剪切时造成的"V"形皮瓣状的创口，如双刃未完全合拢，则形成倒八字形的创口。剪断创是用剪刀剪人体小器官或突出部位时形成的创口，可使之完全断离，其创面较平整，也可为两个略错位、一高一低的半圆平面，创缘可有一小夹角。

Truth　冷知识·真相

剪刀垂直于人体表面进行剪铰时，会形成直线形创口。创口中间有一小瓣状突起，是剪铰时剪刃交错时形成的。

剪刀与体表呈一定角度斜向剪铰时，创口会呈现"V"字形。剪铰过程中如果有旋转，会形成"S"形创口。剪铰的过程中，剪刀的两刃没有合拢时，则会形成八字形创口。

剪刀既可以剪铰，又可以刺。剪刃不同程度地张开或者互相交错时形成的刺创是对称型的。两片剪刃如果在合拢状态下刺入体表，则会形成一般的刺创，创口为菱形。

如果犯罪嫌疑人的力量较大，则会在骨头上留下刺痕，有时也可在体内看到剪刀的断尖。

剪创在法医实践中较为少见，如有遇到，大多数也都是刺剪创，损伤的部位多在胸腹部和颈部等要害部位。偶尔也会见到自杀者用剪刀剪断血管自杀的。

55 火器伤是什么样的？

46 岁的罗伯特·鲍尔斯是匹兹堡人。2017 年的一天，他带着一支突击步枪和三把手枪冲进了一座犹太教堂。

鲍尔斯大喊"所有犹太人都必须死"，随后便朝人群开枪。警察赶到现场后与鲍尔斯发生交火。枪战过后，鲍尔斯向警方投降。

此次事件造成了 11 名正在做礼拜的人丧生，另外有 6 人受伤，其中包括 4 名警察。

鲍尔斯被立刻送往医院，虽然身中数枪，但情况稳定，没有生命危险。后来他被控 29 项罪名，其中包括仇视犯罪和武器犯罪。

　　枪击事件立刻引起了全美各地犹太人的警觉。纽约、芝加哥等地的警局也加强了犹太中心的安保。

　　枪击案在世界各地时有发生，枪击案中的受害者所受的伤统称为火器伤。火器伤多是由枪、炮、火箭等用火药引爆作为动力的武器发射的投射物所致。

　　战争期间，各种火器伤是非常常见的。在和平时期，火器伤多见于他杀、自杀和意外事件。现代火器的发展，使火器伤的伤情比过去的更加严重复杂。

　　枪支发射的子弹弹头基本是圆锥体，有钝器的特点，但枪弹的推动力很大，穿透性非常强，所以它又具有锐器的特点。

　　枪弹造成的创口主要由弹头作用于人体的形式而定，有时创口周围也会留下发射弹头的火药、枪支等其他痕迹。

　　发射弹头的火药有黑色火药、无烟火药和少烟火药。

　　用木炭、硫黄和硝石制作的火药是黑色颗粒状的，发射时燃烧不完全，火焰大、烟灰多，而且会残留没烧完的火药颗粒。自制猎枪多会用这种黑色火药发射霰弹。

　　用火棉、硝酸甘油酯等制成的火药燃烧充分，推进力强大、烟灰少、火焰小、声音小。现代枪支多用这种无烟、少烟火药提供发射动力。

T ruth 　冷知识·真相

高速行进的子弹等投射物击中人体后，会形成不同于一般创伤的创伤弹道。投射物的冲击力会直接击碎人体组织，形成原发伤道。

由于子弹能量大，在运动的过程中还会挤压周围的组织，形成比原发伤道直径大数倍至数十倍的暂时性空腔，腔内出现负压，周围组织会回缩，成为永久性伤道。另外，像子弹类的投射物在组织内还有可能会出现冲击波，造成更广的损伤。

按照弹道的伤口情况来区分：只有入口没有出口的称为非贯通伤，有弹丸和弹片留存在体内；有入口也有出口的伤称为贯通伤，其中大多数的出口大于入口，近距离射击者的入口可能大于出口，高速弹珠射击的入口和出口可能一样大；入口和出口连成沟状的是切线伤；入口和出口在同一个地方是反跳伤。

枪弹对人体的损伤是比较严重的，但是也分几种情况。如果它的推进力非常微弱，便不能穿入皮肤，只能打击人体，形成表皮脱落、皮下出血；如果推进力较弱，只会顶破肌肉皮肤组织，将其分裂开；当推进力强时，可以穿透人体，形成圆形或椭圆形的创口；当推进力极强时，在接触人体的一瞬间，就能造成人体组织炸裂，甚至可以使颅骨炸裂，皮肤呈星芒状炸开。

因为弹道形成的空腔有负压，所以弹丸和弹片可能会将污物带入体内，伤口便更容易受到不同程度的污染。

56 坠落伤如何判断？

1980 年冬天，某纺织厂的一名工人在上厕所的时候发现地上躺着一具女尸。

警方赶到现场的时候观察到尸体仰卧在靠近墙根的水泥地上，四肢均平伸，头部下方水泥地上有一片血泊，与尸体位置相对的墙上有大量的喷溅血迹。

死者位置对应的二楼窗户全部打开，外窗台上有血迹，一楼外树叶上有一滴点状血迹。在一楼和二楼的窗户间有 6 条电线，上面沾有少量血迹和带血的毛发。

法医的尸检结果为，死者的脸部、颈部和外衣左前襟均有擦伤，右眼睑青肿，右耳出血，口吐白沫，头部有两处挫伤。颈部皮下出血，胃中无毒物，肋骨骨折，内脏出血，子宫内有一个 6 个月的胎儿，死因是摔伤引起内脏大出血休克死亡。

表面来看，死者是因为怀孕身体不便，在打扫卫生时从二楼失足摔死的。但是细心的办案人员却觉得这起案子有蹊跷。在一楼外树叶上的血迹是呈现滴落状的，这说明死者在摔下楼之前就受伤了。

警方从这个角度出发去调查，果然发现死者的丈夫在事发当天深夜来找过死者，丈夫因为婚外情而与妻子发生纠纷，用擦地的墩布猛击妻子头部，又用拳头打击其右眼，用双手掐住死者脖子，等妻子昏迷后，打开窗户将她推下楼，伪造妻子失足坠楼的假象。

从高处坠落多数情况下是自杀或者意外，但是就像案例中一样，有些犯罪分子会用其他手段杀害被害人后再从高处将尸体坠下，伪装成自杀或是意外。

高空坠落伤指的是人们从高处坠落，受到高速的冲击力，使人体组织和器官遭到一定程度的破坏而引起的损伤。坠落伤的形态和轻重程度和坠落高度、地面质地、被害人的年龄、着地部位等因素都有关系。

坠落伤中的轻者会有轻微的疼痛感，重者可致死亡。除了器官会有直接或间接的伤之外，坠落伤也可能会引起昏迷、面色苍白和表情淡漠等症状。

如果足部或臀部先着地，外力则会沿着脊柱传导到颅脑而致伤。

如果背部或腰部先着地，可引起腰椎前纵韧带断裂，椎体裂开或椎弓根骨折。

如果脑部先着地，头皮可发生挫裂创，颅骨和颈椎骨折，以致立刻脑浆迸裂而死。要是坠落高度不高，则可能会出现意识障碍、光反射消失或者严重的并发症等。

Truth 冷知识·真相

坠落伤时，体表损伤较轻，内部损伤重。

高坠死亡者常发生心脏破裂和大血管破裂，心脏破裂常发生在左心室或左右心房间隔，主动脉断裂常发生在根部或主动脉弓与降主动脉交界处。

损伤常较广泛，多发生复合型骨折，内部脏器破裂，多处损伤为一次性暴力形成，空中障碍物所致损伤除外。损伤分布有一定特征，如身体某一侧，头顶或腰骶部损伤。

L ink 冷知识·链接

对于高空坠落伤者的急救方法：

（1）将伤者身上的用具和口袋中的硬物拿出来；

（2）在搬运的过程中应使其脊柱伸直，以免产生或加重截瘫；

（3）对可能有颅底骨折和脑脊液外漏的患者切忌做填塞处理，以免导致颅内感染；

（4）面部遭到严重伤害的伤员，应使其保持呼吸通畅，清除移位组织的碎片，解开衣领扣；

（5）对于血管伤，压迫伤口上侧动脉，用绷带加压包扎以不出血和不影响血液循环为宜；

（6）有条件时迅速给予静脉补液，补充血容量；

（7）快速平稳地送到医院救治。

57 弓箭的杀伤力有多大？

楚国有个著名的射箭手叫养由基，养由基年轻时就勇猛过人，练就了一手好箭法。当时还有一个勇士名叫潘虎，也擅长射箭。

一天，潘虎和养由基在场地上比试射箭，许多人在旁边围观。靶子设在50步外，那里撑起一块板，板子上有一个红心。潘虎拉开弓，一连三箭都正中红心，赢得了一片喝彩声。潘虎洋洋得意地等养由基出手。

养由基环视了一下四周说："50步外的红心，目标又大又近，还是射百步外的柳叶吧。"他叫人在百步外的一棵杨柳树上选一片叶子，涂上红色作为靶子。养由基拉开弓，这箭正好射在杨柳叶的红心上，在场的人都惊呆了。

潘虎知道自己比不过养由基，但是他觉得养由基这次射中红心只是幸运，不信他每箭都能射穿柳叶。潘虎亲自走到那棵柳树下选了三片叶子做上记号，让潘虎按顺序射。养由基上前几步看清了记号，然后退到百米外，三箭分别命中柳叶。这下潘虎心服口服了。

弓箭在我国古代是很重要的工具。早在3万年前的旧石器时代晚期，中国境内的人类就开始使用弓箭了。最早的箭是用树棍或竹竿制成的，将其截成一定长度，其中一端削尖了就是箭。

我国远古神话故事后羿射日用的就是弓箭。再到后来三国时期，诸葛亮草船借箭，这也说明了箭在当时是一种非常珍贵的战争物资，它关系到战争的成败。弓箭慢慢从打猎、满足温饱演变成了战争用途。到今天,射箭演变成了一项竞技运动。

一代天骄成吉思汗可以用弓箭射中空中的雕,其需要的力度、角度、速度都非常人可以做到。而且这也涉及距离的问题,弓箭最远可以射到多少米呢?

ruth 冷知识·真相

我国很早就有最大射程和有效射程的概念,我们都知道,拉力越大,射程越远。拉开古代的弓需要很大的力,现代人大多拉不动。

我国古代不同的民族聚居在不同的地方,而弓箭的制作都是就地取材,所以每个民族的弓箭都不尽相同。

蒙古人的弓是用兽骨制成的,外加烤胶等,它拉开的力是 80 斤,射程超过 160 米。而中原的重弩,拉力超过 200 斤,射程可以达到 250 米以上。

但是在战争中使用的弓箭因为要让大多数人都用得顺手,所以它们的拉力往往没有这么大。以宋代的弓来看,最大射程一般在 200 米左右,有效射程在 120 米左右。

其实 100 米有效射程的弓箭在古代已经够用了,即使是进入现代化战争,轻兵器的普遍交火距离也没有超过 250 米。大量古代和现代轻兵器战斗,基本都是在 50 米左右的距离上进行的。

| L ink | 冷知识·链接 |

根据《武器事典》中的记载，现代的射远比赛，用脚开弩和特制箭的记录是 1854 米，反曲弓和特制箭的记录是 1222 米，仿古长弓和仿古代箭的记录是 439.8 米。

另外，其他国家也很早就有弓箭了，像阿拉伯十字弓的射程是 80～250 米；意大利十字弓的射程是 80～300 米；印度火箭的射程是 900 米；复合弓的射程是 150～550 米；等等。

58 球状闪电的杀伤力有多大?

1951 年 7 月 1 日，美国佛罗里达州的圣彼得斯堡发生了一件奇怪的事情。傍晚，67 岁的玛丽夫人坐在自家的椅子上。第二天早上，她的儿子来到母亲的房间，却看到母亲和椅子都不见了，地上只有几根烧变形的发卡、几小块焙干了的椎骨、一个缩成棒球大小的人类头骨和一只完好无损的左脚。

专家们过来调查了玛丽夫人的死因，结果在室内却没有发现任何易燃的化学药品。而且只有经过 1600 多摄氏度的高温才能将人烧成这样，一般的火灾现场最高温度只有 800 多摄氏度，出事现场比一般火灾现场温度高一倍，但是却没有发生火灾，除了玛丽夫人和椅子，其他所有东西都完好无损，实在是令人费解。

类似的事件在全球其实发生过很多次，人们最终发现，莫名其妙的自然背后其实是"球状闪电"在作怪。

球状闪电俗称滚地雷，属于闪电的一种，它非常亮，呈圆球形，直径大约是 15～40 厘米，颜色不一，有橙色的、红色的、黄色的、紫色的、蓝色的、绿色的。

球状闪电通常都是在雷暴之下发生的，一般的闪电持续时间不会超过 1 秒，但是球状闪电却可以维持几秒到几分钟的时间。更加不可思议的是，它可以在空气中独立而缓慢地移动，速度可以从静止到每小时 2 万多千米，但一般情况下，速度是每小时 18 千米。

球状闪电之所以神秘，是因为它并不常见，所以人们无法系统地对它进行研究。它外形多变，同时还具有瞬间巨大的破坏力。很多人认为球形闪电是一团密度不大的常温等离子体，在太阳风和宇宙射线的作用下，包围地球的空气被电离成正、负离子和自由电子形成的离子层，当离子层部分离子和电子集聚，就有可能形成球状闪电。

T ruth ·冷知识·真相

有些球状闪电会直冲大地，有些会模仿周围物体的运动，大部分会被引向金属或磁性物体，发生激烈碰撞，有时会造成非常大的损伤。

球状闪电的行径非常古怪，它就像一个大火球，常在田野山林间飘忽不定地移动，使夜间的行人大惊失色。它能穿过门窗的缝隙登堂入室，像幽灵似的跟着人。它有时发生爆炸，会损毁建筑物，造成人员伤亡。它对遇到的障碍从不心慈手软，却从不烧坏贴近它的可燃物。

根据估算，球状闪电爆炸时释放的能量约相当于 10 千克三硝基甲苯爆炸的能量，而其消失后一般没有特殊气味，偶尔会留下臭氧或硫黄的气味。

1965 年的夏天，苏联物理学家米特列耶夫在奥涅加湖畔度假。傍晚时下了一场雨，一个淡红色的火球突然落在他面前。等米特列耶夫反应过来后，他闻到火球经过的地方有股清新的气味，于是他赶快将这些气体收集起来。

米特列耶夫对火球经过的地方的空气样本进行化验分析，发现其中含有大量的臭氧和二氧化氮，这表明在火球内部很可能发生过化学反应。

Link 冷知识·链接

雷雨天气中常会发生强烈的放电现象，如果电击中人、建筑和设备，常会造成人员伤亡和经济损失。所以我们要注意在雷雨天气时关闭门窗、远离金属物体、拔掉电源插头。

如果是在室外，不要在空旷的野外过多停留，要尽量寻找低洼之处藏身。同时，远离大树、电线杆、广告牌等，立即停止室外游泳、划船等水上活动，不要使用手机。

若是真的遇到了飘浮的火球，要轻轻避开它，避免引起空气流动，千万不要去触碰。

59 是先判断死因再判断凶器吗？

古代时，有一名妇人将自己丈夫杀死后，放火烧了房屋，然后报官说她的丈夫是被火烧死的。

当地的县令觉得事情有蹊跷，就叫人带来两头猪，其中一头先杀死，再放火烧，另外一头活活烧死。结果，被活活烧死的猪口腔里有烟灰、炭末之类，而先杀死再焚烧的那只猪嘴里没有烟灰和炭末。

县令叫人再去检查妇人丈夫的尸体，发现口腔里也没有烟灰和炭末。在事实面前，妇人只好承认是自己杀死了丈夫。

还有另外一个妇人，她与人通奸，于是趁机将丈夫勒死，再伪装成被火烧死。她再贼喊捉贼，自己报官。仵作验尸后说："你丈夫死时双手握拳，这不是活人被烧死的状态，你在撒谎。"这名妇女见阴谋被识破，只好低头认罪。

这是古代出现的两个烧死的案例。在第一个案例中，虽然古代的科学技术没有现在发达，但是县令运用模拟现场的方式巧妙地发现了真相。

这种方式早在宋慈的《洗冤集录》中就有所记载。到了 20 世纪 40 年代，这种方法被国际警察机关和法庭广泛应用。随着社会的发展，"模拟现场法"也不断改良，在 20 世纪 80 年代形成了"现场分析学"，90 年代变成"现场重建法"。近些年还出现了借助电脑动画重现现场进行模拟取证的技术，受到很多从事法律相关行业的人的欢迎。

在第二个案例中，仵作根据活人被烧死不会握拳这一点将案子破了，但这其实并不准确。因为无论是生前烧死还是死后再焚尸，肌肉因高温作用而收缩，都可能会出现握拳姿势。

在现实生活中，其实烧死多数发生在意外的火灾事故中。放火自杀或他杀的现象是很少见的，但在杀人案件中，有时候会遇到毁尸灭迹伪造现场的情况。所以检查尸体是被烧死的还是死后被烧的是一项重要任务。

Truth 冷知识·真相

对于一具烧焦的尸体，如果死因是被活活烧死，那么杀人凶器就是火；如果死者不是生前被烧死，而是死后被焚尸的，那么杀人凶器就另有他物了。所以对于烧死，要先判断死因，再判断凶器。

对于烧死的人，最常见的死因是烧伤休克，也就是在高温的作用下，人体的感觉神经受到强烈的刺激，产生剧痛，导致中枢神经系统发生障碍而引致休克死亡。烧死的第二大可能出现的死因是一氧化碳中毒，由于人体在被焚烧的过程中吸入大量的一氧化碳而引起的中毒身亡。还有可能是因为体液的大量丧失而引起的继发性休克死亡，还有因为伤口感染而出现其他并发症引起的死亡等。

烧死的尸体表面特征明显，可以见到不同程度的皮肤烧伤。局部皮肤充血，形成红斑，是最轻度的烧伤。红肿的皮肤上有水疱，水疱内充满液体是二度烧伤。皮肤全层组织坏死，形成痂皮，痂皮周围组织充血，烧伤可达皮下组织和肌肉层是三度烧伤。皮肤水分消失，出现碳化，形成类似切创、砍创或挫创助裂口，这是四度烧伤的症状，也是最严重的烧伤。

烧死和焚尸的主要区别在于：

（1）烧死的人水疱内充满液体，含有白细胞和纤维蛋白，疱底和周围组织有炎症反应。被焚尸体上的水疱内气体多、液体少，疱底和周围无炎症反应。

（2）烧死的人痂皮下充血水肿，有白细胞浸润。被焚尸体的痂皮下无炎症反应。

（3）烧死的人的气管、支气管和喉头中都可见到烟灰和炭末。死后焚尸的没有这种现象。

60 戒酒会致命吗？

大宋有一位著名的书法家、文学家名叫石延年，他生性嗜酒如命。当时有一位义士名叫刘潜，酒量也特别大，他和石延年经常在一起喝酒。

有一天，京城新开了一家王氏酒业，石延年和刘潜知道消息后，就约好去喝一场。到了酒楼后，他俩叫来了一桌好菜，几坛好酒。然后两个人就一句话也不说，从早上喝到了晚上，即使这样也面不改色。第二天，京城里就流传开，说王氏酒楼昨天来了两位神仙，坐在那里喝酒喝了一整天。

我们现在人常说酒喝多了会误事，可是石延年是个例外，他将朝廷交代的和没交代的事儿都办得井井有条。当时西夏常骚扰大宋，宋仁宗知道石延年的能力，便想要提拔他，挽救国家于水火之中，但是又怕他醉酒误事，于是就劝他戒酒。石延年自然不敢违背皇上的意思，可是这一戒酒，没过多长时间，他就去世了，享年47岁。

酒本是由粮食酿成，小酌一些对身体是有好处的，可是喝酒过量就会对人体有危害。

酒精进入人体后，会抑制抗利尿激素的产生，当身体缺少这类激素时，肾脏对水分的吸收就会受到抑制，体内水分大量流失，体液的电解质平衡就会遭到破坏，引起恶心、头痛、眩晕等症状。

酗酒后，胃黏膜会发生水肿、出血、溃疡和糜烂等症状。还有脑部细胞，饮酒超过6分钟，脑细胞就开始受到破坏，长期酗酒会导致记忆力下降。适量地饮用啤酒或葡萄酒会增加骨密度，但是饮酒过量会加速体内钙质的大量流失，很容易出现骨质疏松的症状，甚至是骨折。

冬天大醉后在马路上被冻死的新闻也时有发生，所以身边有爱喝酒的家人和朋友，我们都会劝说他少喝点或者希望他直接戒酒。但是石延年的例子告诉我们戒酒容易猝死，这是真的还是假的呢？

Truth 冷知识·真相

　　我们的身体会为了生存会适应一些长期的变化，长期酗酒的人也会出现一些生理变化。酒精会抑制特定类型神经递质的产生，一段时间后，机体会通过产生更多的此类神经递质和它们的受体来适应持续高水平的酒精摄入。

　　当已经产生酒精依赖的人突然戒酒，会导致神经递质激增，远超过身体所需的水平。所以突然戒酒的人大多会出现出汗、心跳过速、不安、焦虑等状况。大脑中的神经兴奋和抑制通路控制着中枢神经系统和心脏，突然戒酒后，高水平的神经递质能对器官产生过度刺激，包括心脏。

　　突然戒酒的死亡风险概率被估算为 $6\% \sim 25\%$，这种戒酒的不愉快经历导致很多人会再次沦陷在酒精中。

　　但是，过度饮酒有害健康。所以，大家尽量养成好的习惯，保持健康。

Part 5

致命毒药

—— 防不胜防，中毒之后知多少

在这个世界上，有毒的物质无处不在……
但与我们生活息息相关的毒药有哪些呢？

61 肉毒杆菌毒素，1 克就能毒死 1000 人吗？

奶粉安全是有小宝宝的妈妈们最关心的事情了，很多妈妈们喜欢买进口奶粉，认为外国的奶源更加纯正，其中最受欢迎的大概是澳大利亚和新西兰的奶粉了。

可是前几年，新西兰恒天然集团公司称其生产的浓缩乳清蛋白粉检出肉毒杆菌，其中部分出口到中国的几家公司。这条消息一出，立即引起了轩然大波。

涉嫌被肉毒杆菌污染的"浓缩乳清蛋白"产品总量为 40 吨，这些原料用于制造婴幼儿奶粉、饮料等，涉事产品总量扩大到成百上千吨，其中所含的肉毒杆菌的"浓度"被极大地稀释了，这也就解释了为什么涉事的各种产品中并没有检测到肉毒杆菌。

不幸中的万幸是没有人因此发生食物中毒事件，因为采用超高温消毒且酸性较大的饮料、酸奶是很安全的，只有婴幼儿奶粉需要禁售和召回。

肉毒杆菌分泌的毒素叫作肉毒杆菌毒素，也被称为肉毒毒素，是一种剧毒，可以引起死亡。但是肉毒杆菌分泌肉毒毒素需要一定的条件，在比较酸的环境中难以分泌毒素，而且肉毒毒素不耐热，普通加热，比如热水冲奶粉、巴氏消毒、超高温消毒等都可以破坏毒素。

肉毒杆菌本身其实是无毒的，对成人和一岁以上的儿童是安全的，但是对一岁以下的婴儿则有较大风险。这是因为小婴儿肠道的菌群还不够强大，对肉毒杆菌形成的芽孢排斥得不彻底，让其有机会生根繁殖，分泌出毒素并引起中毒，从而导致婴儿神经痉挛或麻痹。

T ruth · 冷知识·真相

肉毒杆菌虽然对我们成年人来说相对安全，可是从化学毒性来讲，肉毒杆菌毒素是目前发现的毒性最强的毒药。1 克肉毒杆菌毒素就可以杀死 1200 万人，换算下来，半公斤肉毒杆菌毒素就可以杀死全人类。

肉毒杆菌在自然界的分布很广泛，土壤中就有，偶尔也会在动物粪便中检测出来。

肉毒杆菌是厌氧菌，人体的胃肠道是良好的缺氧环境，适合肉毒杆菌居住。它能致病，其实主要是靠肉毒杆菌毒素，肉毒杆菌毒素并非由生活的细菌释放，而是在细菌细胞内产生无毒的前体毒素，等待细菌死亡自溶后游离出来，经过肠道中的胰蛋白酶或细菌产生的蛋白酶激活后才具有毒性，而且能抵抗胃酸和消化酶的破坏。

L ink 冷知识·链接

肉毒杆菌毒素作为一种神经毒素，注射于局部后能阻断乙酰胆碱的释放，从而阻断神经对肌肉的传导。

肉毒杆菌毒素除皱术适用于 35 岁以下的女性，特别是适用于额头纹、眉间纹和眼眶周围的鱼尾纹，也可用于面部以下的下颌和前颈部皱纹。肉毒杆菌毒素注射除皱法疗效非常显著，通常在注射之后，平均 10 天左右皱纹会慢慢舒展、消失，皮肤变平坦，效果一般能维持 3～6 个月，一般一年内要注射 3～4 次。

关于注射肉毒杆菌毒素的安全性是不必担心的，美容除皱所用到的剂量远远低于致死剂量。

62 为什么古代小说中用得最多的毒药是砒霜？

英国有一位妇女名叫玛丽·安·科顿，她因被指控杀死继子而被处以绞刑，但其实她犯的罪远不止这些。

玛丽 20 岁时和威廉·莫布里结婚，婚后他们搬到了德文郡的普利茅斯。这对夫妻生了 5 个孩子，其中 4 个因胃灼热和胃痛夭折，此后他们又生了 3 个孩子，但这 3 个也全都死了。

1865 年 1 月，威廉死于肠绞痛，玛丽因此获得了保险公司的理赔。随后，类似的事情又发生了，玛丽的第二任丈夫乔治也死于肠道疾病，她剩下的 2 个孩子也遭此不幸。

当地报纸开始关注此事，他们发现玛丽已经失去了她的 3 任丈夫、11 个亲生子女、6 个继子、1 个情夫和 1 个朋友。所有人的死因都是胃灼烧。

玛丽用砒霜毒死了自己的家人和朋友，最终在 1873 年被执行了绞刑。

砒霜，即三氧化二砷，别名又叫鹤顶红。在古代，由于提炼技术的限制，这种毒药的颜色和丹顶鹤头顶的红色部分一样，因此它被称为鹤顶红。

砒霜其实是汞的一种。高纯度的汞其实是白色晶体状粉末，无色无味，微溶于水，有剧毒。因为古代的生产技术落后，砒霜中常常含有硫或硫化物，所以它常会呈红色。古装影视作品中常出现"银针试毒"的镜头，也是因为硫与银接触会生成黑色的硫化银。

不仅英国的变态女杀手喜欢用砒霜，中国古代小说中用得最多的毒药也是砒霜。《水浒传》中的潘金莲毒死武大郎用的砒霜，《红楼梦》中的夏金桂想毒死香菱也是用的砒霜，结果最后自己被毒死了。

砒霜进入人体后会破坏某些细胞的呼吸酶，使组织细胞不能获得氧气而坏死。此外，它还强烈刺激胃肠黏膜，使黏膜溃烂出血，对血管和肝脏等有很强烈的破坏作用，会造成出血状况。《水浒传》中武大郎被毒死时七窍流血的状态，很符合砒霜中毒的症状。

Truth 冷知识·真相

我国古代毒性很强的物质不止砒霜一种，那么为什么古代小说中用得最多的却是砒霜呢？

原因有两个：第一当然是砒霜的毒性强，致死率高。

第二就是砒霜购买方便。因为如果控制好剂量，砒霜是能够治病的，所以在古代的药房中都会有砒霜。即使朝廷下令药房不能一次性卖太多砒霜给一个人或者购买砒霜需要出示药方，但是上有政策下有对策，收买药房的伙计或者直接来偷都是小说中常出现的场景。

Link 冷知识·链接

我国古代的书中很早就有关于砒霜能治病的记载，清朝名医叶天士也发现了这一点。

相传在叶天士 30 岁生日那天，他和家人、朋友喝得大醉，结果有人来买刮痧药，他就让妻弟去给那人拿，迷迷糊糊的妻弟竟然给来人拿了砒霜。等叶天士酒醒了，发现了这件事，他慌慌张张地带着家人逃出了城，临行前留下了妻弟看家。

可是没想到，昨天买药的人竟然来上门拜谢了。

原来服药的人是位将军，患上了头痛的毛病，军医束手无策，只能给他开些刮痧药，虽然不能根治，却可以缓解头痛，将军由此对刮痧药依赖上瘾。没想到这次吃了叶天士的药，不到一个时辰，头竟然不疼了。将军派人送来一百两银子，希望叶天士继续为他治病。

还好这时叶天士没有走远，妻弟赶快把他叫了回来。叶天士后来用少许砒霜加上人参等滋补品制成药丸，让将军每半月服用一颗，久而久之，将军的头痛症就这样好了。

63 辐射如何让人中毒？

玛丽·居里是一位伟大的女科学家，她是放射化学和放射物理学的创始人和奠基人，因为发现了镭，她被誉为"镭的母亲"。但不一定有人知道的是，她还是钋的发现者。

1898 年，玛丽·居里与丈夫皮埃尔·居里在不懈地研究之下，发现了一种新的放射性金属物质。之后，玛丽·居里向法国科学院提交工作报告，指出他们发现的新元素与铋性质相似，而且能够自发地放射出一种强大的不可见射线。为了纪念自己的祖国波兰，玛丽直接以钋（polonium）为这种放射性物质命名。

居里夫妇在发现钋时，就意识到了它的危险性。而他们的女儿伊雷娜·居里也是一位著名的科学家，还在 1935 年获得了诺贝尔化学奖。不幸的是，伊蕾娜在一次实验室钋泄漏事故中受到了钋的致命辐射，导致她同她母亲一样患上了白血病，最终在 1956 年去世。

钋的化学符号为 Po，钋－210 的半衰期为 138.4 天。钋是一种银白色金属，能在黑暗中发光，它本身在自然界中是非常稀有的，在地壳中含量约为 100 万亿分之一，只有国家级实验室运用核子反应器才能生产。

T ruth 冷知识·真相

同等单位下，钋比氰化氢的毒性要高 2.5 亿倍，只需一颗尘粒大小就足以取人性命，受害者根本无法透过感官察觉。

钋无色无味，极易溶于水，中毒者不会当场毙命，也不会有不适的感觉，但是人体一旦吸收了钋，α 射线会迅速摧毁人体主要器官、DNA 和免疫系统，而且中毒后很难被诊断和救治，普通的毒性扫描都无法找到它的存在。

钋－210 是高放射性、高化学毒性的元素，值得一提的是，它只有进入体内才会表现出辐射危害。钋－210 不论是通过呼吸、饮用、服用或是伤口感染哪种途径进入人的身体，都会毁坏人体 DNA 并且造成放射性的病状，而且它没有解毒剂，只需要一粒微尘大小就可以取人性命。

64 毒药会隐形吗？

"9·11"事件后的一个星期，有5封信分别寄给了美国广播公司、哥伦比亚广播公司、美国全国广播公司、纽约邮报社和美国媒体公司旗下的国家询问报社。这5封信中都放入了炭疽杆菌。

第一名因感染炭疽杆菌病逝的是罗伯特·斯蒂文斯，他在美国媒体公司的一份叫"太阳报"的小型报社工作。5封信中只有寄给纽约邮报社和美国全国广播公司的信真的被发现了炭疽杆菌，其他3封信是因为其公司里有人受到感染而推测出来的。

3个星期后，另外两封含有炭疽杆菌的信从特伦顿发出，分别寄给了两名民主党参议员：帕特里克·莱西和汤姆·达施勒。

第二批信中的病原比第一批更危险，它们含有约一克高纯度的几乎完全由孢子组成的干燥粉末。

在这次事件中，有11人患病，5人丧生。

炭疽杆菌会引起人畜共患的急性传染病。它主要是食草动物的传染病，人接触患炭疽病的动物后，也会受感染而患病。

患者通常是通过吃某种食物或者喝某种液体而患病的，如果对方的警惕性较高，意识到危险就不再吃或者喝任何东西，感染就可以被避免。

但是案例中说到的炭疽杆菌，它无须通过口服就可以使人感染，这真是防不胜防。人可以暂时不吃不喝，但是不能不呼吸，炭疽杆菌是肉眼难以看到的微小颗粒，很容易被人吸入体内。

经济的发展和卫生条件的改善，使得自然发生的炭疽病已有明显降低。

T ruth 冷知识·真相

炭疽杆菌致病主要与其毒素中各组成成分的协同作用有关。炭疽毒素可直接损伤微血管的内皮细胞，使血管壁的通透性增加，导致有效血容量不足。

再加上急性感染时一些生物活性物质的释放增加，从而使小血管扩张，加重血管通透性，减少组织灌注量，又由于毒素损伤血管内膜，激活内凝血系统及释放组织凝血活酶物质，使血液呈现高凝状态。

所以弥散性血管内凝血和感染性休克在炭疽病中比较常见。另外，炭疽杆菌本身也可以堵塞毛细血管，使组织缺氧缺血和微循环内血栓形成。

炭疽的潜伏期为 12 小时至两周。根据感染的部位，炭疽病可以分为 4 种类型：

（1）皮肤炭疽。这种炭疽出现的情形占到 98%，多见于上肢和面部皮肤，这种类型 80% 是可以痊愈的。

（2）肺炭疽。肺炭疽多是原发性的，这种类型目前已经比较少见。肺炭疽起病较急，轻者感到胸闷、发热、干咳，重者会出现呼吸困难、血样痰等症状，常并发败血症或感染性休克。

（3）肠炭疽。肠炭疽的潜伏期在 12～18 小时，由于误食炭疽芽孢而发病，起病时全身不适，并伴有发热、恶心、呕吐物带血丝、腹痛等，重症患者可出现败血症或感染性休克。

（4）脑膜炭疽。脑膜炭疽出现的概率较小，且极少为原发性，多继发于各种炭疽而有败血症患者，病情发展快，大多死于病发后的2～4日。

65 氰化物到底是什么？

爱娃·布劳恩出生在一个慕尼黑的教师家庭中，毕业后她在海因里希·霍夫曼的照相机行里当了一名售货员。

当时霍夫曼是阿道夫·希特勒的御用摄影师。1929年，爱娃在霍夫曼那里认识了希特勒，她认为他是个很有意思的人，但是希特勒并没有将爱娃放在心上。

1932年11月，爱娃感到恋爱受挫，就用手枪自杀，结果获救了。这次自杀让爱娃如愿以偿地得到了希特勒的青睐，她成了希特勒的情妇。

1945年4月28日午夜到29日凌晨，希特勒与爱娃举行了婚礼。30日，苏联红军攻占柏林的德国国会大厦，爱娃与希特勒躲在总理府地堡里，下午三点半左右，爱娃吞下氰化钾，希特勒朝右边太阳穴开枪，二人双双自杀。

各国的特工间谍和不法分子也经常用氰化物来自杀或谋杀。"二战"期间，纳粹曾用氰化物在数个集中营中杀害过数以万计的犹太人。

在《名侦探柯南》中，柯南经常会闻闻死者的嘴，然后惊讶地说："苦杏仁味。"这种苦杏仁味就来自氰化物。

具有强烈毒性的氰化物有3种：氰化钠、氰化钾、氢氰酸。

细胞中的重要物质——线粒体要制造能量物质，需要一种细胞色素氧化酶，铁元素在这种酶中很关键，它负责搬运氧。氰化钾、氰化钠起效快是因为它们极易溶解，释放出氢离子，氢离子与氧化酶中的铁元素进行反应，使铁无法从三价变成二价，丧失了运氧的能力，能量链条被打断。中枢神经停止工作，呼吸和心跳也会随之停止。

Truth 冷知识·真相

氰化物的致死剂量小、死亡速度快、抢救困难，素来被视为一种强力的毒药。一般来说，除非剂量非常小，否则如果没有在中毒之后及时采取有效的急救措施，大约15分钟至一个小时内，中毒者就会死亡。如果中毒剂量小，还来得及送到医院，以现在的医学水平，还是有可能成功抢救氰化物中毒者的。而且氰化物需要在到达胃部后与胃酸发生反应才能释放出氰基离子，从理论上来说，如果当含有氰化物的液体刚到嘴里就发觉出不对劲，立刻将它吐出来，是有可能免于死亡的。

氰化物的致死剂量往往存在个体差异，与人的体重、身体强壮程度、胃里残余食物的多少都有关系，而具体的死亡时间与氰化物剂量和中毒途径都有关系。如果以大量口服、静脉注射、吸入高浓度氢氰酸气体的形式中毒，1～2分钟后就会死亡。

冷知识·链接

既然氰化物的毒性如此强烈，我们又为什么要生产它呢？

这是因为很多常用药的制造都需要氰化物作为中间体，像青霉素、黄连素等。而且氰化盐用来电镀，可以让金属细致均匀地覆盖在零件上。

每生产1000克黄金，需要4～5吨的氰化钠，它可以将黄金从水里"抓"出来。由于对黄金的需求巨大，所以目前中国是氰化钠的最大生产国。

66 毒鼠强的威力到底有多大？

面食早点店老板将自己的一家与面食店相邻的铺子租给欠自己钱的小陈，好让他能挣钱还给自己。小陈和面食店老板偶尔会因为一些琐事发生矛盾，在这个小纠纷的基础上，小陈见面食店的生意火爆，而自己的大饼店却冷冷清清，就产生了在面食店投毒的想法。

2002年，小陈将自己花了8块钱买的毒鼠强偷偷放在面食店的白糖、油酥等食品原料中。第二天，不知情的面食店老板将掺了毒药的食品原料做成了烧饼、麻团等出售，导致 300 多人中毒，其中 42 人死亡。

特大中毒事件发生后，立刻引起了社会各界的广泛关注。次日凌晨，犯罪嫌疑人小陈在出逃路上被抓获并最终被判处死刑。

毒鼠强最早是德国一家公司发明、合成的一种神经毒性杀鼠剂。1933 年，人们发现磺酰胺和甲醛互相作用，可以生成一种透明、稳定的树脂，这种树脂后来被用作生产沙发靠垫和室内装潢纤维织品的浸泡剂、强化剂和抗霉菌剂。

但是不久之后，德国的一些家具制造厂的工人屡次发生中毒事故，人们发现罪魁祸首就是用这种树脂浸泡过的一种羊毛织品。于是这种树脂再次引起了人们的重视，这就是后来被我们称为"毒鼠强"的物质。

我国的三名科技工作者从国外文献上将毒鼠强的制作方法翻译过来，将其非法转让给一些不法生产者，从此毒鼠强便开始在我国大肆生产和贩卖。

从 2003 年起，我国开始立法禁止毒鼠强的买卖，《关于办理非法制造、买卖、运输、储存毒鼠强等禁用剧毒化学品刑事案件具体应用法律若干问题的解释》中规定，对于毒鼠强等禁用剧毒化学品，非法制造、买卖、运输、储存原粉、原液、制剂 500 克以上，或饵料 20000 克以上的；致 3 人以上重伤、死亡，或造成公私财产损失 20 万元以上等，处 10 年以上有期徒刑、无期徒刑或者死刑。

毒鼠强的学名是四亚甲基二砜四胺，是一种无味、无臭、有剧毒的粉状物。它的性质稳定，不易分解，容易造成二次污染，继而有二次中毒的可能。

毒鼠强对所有温血动物都有剧毒，其毒性相当于砒霜的 300 倍，氰化钾的 100 倍。

大约 5 毫克毒鼠强就可以致人死亡；毒鼠强毒死的老鼠，猫吃了都会中毒；中毒而死的老鼠和猫埋在地里，还会造成土壤污染；在被污染的土地上种的蔬菜也有毒。

动物中了毒鼠强的毒后会兴奋跳动、惊叫、四肢僵直。

目前发现的人中毒的案例多为口服中毒。其轻度症状为头痛、头晕、恶心、呕吐、酒醉感，重度中毒表现为突然晕倒、癫痫发作、呕吐白沫、丧失意识。

对于口服中毒患者，应该立即对其进行催吐、洗胃、导泻，生产性中毒应立即脱离现场。如果患者出现抽搐症状，应立刻用苯巴比妥、安定等肌肉注射，止住其抽搐症状。

67 咬断舌头真的是因为自杀吗？

1995 年 3 月 20 日早上，日本东京地铁内发生了一起震惊世界的投毒事件，奥姆真理教的邪教组织人员在东京地铁 3 条干线共 5 辆列车上释放沙林毒气，造成 13 人死亡，5510 人受伤。

事件发生当天，26 个地铁站受到影响，东京交通陷入一片混乱。当时日本社会和公众还没有从阪神大地震中缓过来，这件事又给他们蒙上了一层阴影。

发动袭击的奥姆真理教因为松本沙林毒气事件和坂本堤律师一家杀害事件面临着被取缔的裁决，所以一众教徒决定向政府先行报复，受到袭击的 3 条地铁线路都经过日本政府机关密集的霞关和永田町地区。

事件发生后，警方立刻采取抓捕行动，在奥姆真理教的仓库中发现了大量的化学药品和仪器。该教的"神圣法皇"麻原彰晃不久后被捕，但是另外 3 个骨干人员：平田信、高桥克也、菊地直子却潜伏了 17 年。这 17 年间，他们三人的通缉告示高悬在几乎所有地方。

2012 年，三人终于被捕归案。2018 年 7 月 26 日，沙林毒气攻击事件的 6 名共犯被处决。

在影视剧中，有些死者会出现咬断舌头的现象，以往我们见到这样的情景都会以为这是自杀，但其实中了沙林毒气身亡也有可能会出现这种症状。沙林毒气的杀伤力很强，中毒者会出现抽搐、口吐白沫和视力模糊等症状。

1938 年，德国法本化学公司研发出学名为甲氟膦酸异丙酯的沙林毒气。沙林（Sarin）一词源于四位发明者姓名中的五个字母。

最初，沙林只是用作杀虫剂，随后被纳粹发现了其军事价值，但并没有在战争中投入使用。在整个"二战"中，沙林毒气应用最广泛的是集中营的毒气，共毒杀了数百万犹太人及其他各类"罪犯"。

虽然核武器现在已经发展得很成熟了，化学武器的重要性已经有所降低，但世界上的主要国家从未放松对沙林毒气的研发。美国和俄罗斯分别从德国获得了沙林毒气的配方并大规模生产。

T ruth 冷知识·真相

要了解沙林毒气，就要先从乙酰胆碱说起，它是躯体神经、交感神经节前神经元和全部副交感神经的化学传递物质。

人体的神经冲动会释放乙酰胆碱，再通过乙酰胆碱酯酶将乙酰胆碱分解成胆碱和乙酸，这个神经传递的过程是可逆的，而且整个过程的时间非常短，分解后的胆碱会被人体重新合成乙酰胆碱。

如果乙酰胆碱酯酶长时间不可逆地被抑制，那么乙酰胆碱就不会被水解，这对人体是非常有害的。

沙林毒气的原理就是通过抑制乙酰胆碱酯酶，使得乙酰胆碱无法分解而在身体里堆积，人体中的乙酰胆碱浓度过高会引起支气管收缩，继而惊厥，最后导致死亡。

一般情况下，沙林毒气可以通过呼吸或透过皮肤和眼结膜侵入人体，人体受到侵袭后，会出现瞳孔缩小、呼吸困难、剧烈抽搐等症状，需要立刻使用阿托品、肟等进行治疗并配合人工呼吸才能有救。

68 怎样缓解轻度中毒？

1984 年，煤气厂回收车间工人郑某准备调换压送机一个损坏的阀门，他没戴防毒面具就拆除了损坏的阀门。阀门拆除后，有煤气从中逸出，郑某感到头晕头痛，于是戴上防毒面具继续工作。不久后，郑某又感觉到呼吸困难，但他依然没有重视，而是脱下防毒面具继续工作。新阀门还没有安装完，郑某就感到身体非常不舒服，他这才意识到情况不妙，赶紧离开工作场所，可是刚走出去十几步就昏倒在地。

几个月后，同一个车间工人关某在拆洗压送机冷却小管和夹层时，由于压送机密封不好，有煤气逸出。关某虽然感觉头痛头晕，但仍然坚持工作，直到关某感觉站立不稳才想到走到室外去休息一下，刚起步就昏倒在地。

郑某和关某都被送到了医院抢救，后脱离了危险。

煤气是多种气体的混合物，其中包括可燃性气体，像氢气、一氧化碳、甲烷和其他碳氢化合物，燃烧时可以产生大量的热能。另外煤气还含有不可燃烧气体，比如二氧化碳、氨气和氧气，它们本身不能燃烧，但氧气可以帮助燃烧。

煤气中的一氧化碳有剧毒。一氧化碳被吸进肺部，与血液中的血红蛋白结合形成稳定的碳氧血红蛋白。一氧化碳与血红蛋白的结合要比氧与血红蛋白的结合力大 200～300 倍，但是碳氧血红蛋白的解离速度却比氧合血红蛋白的解离慢 3600 倍。

人体一旦吸入一氧化碳，一氧化碳就与氧气争夺血红蛋白，使血液的携氧功能发生障碍，造成机体急性缺氧。其主要症状有头痛眩晕、恶心呕吐、虚脱，甚至是惊厥昏迷，如果重度中毒没有及时医治就会有生命危险。

Truth   冷知识·真相

煤气中毒致死需要的时间非常长，致死的可能性是比较低的。一般情况下，人体会有中毒的先兆，这时候处于轻度中毒状态，我们可以在家做一些简单的缓解措施。

首先就是要立刻将煤气泄漏源头关闭，然后开窗通风，稀释有毒气体，中毒者尽量远离中毒源头，到室外呼吸新鲜空气。其他的轻微气体中毒也适用此法。

Link   冷知识·链接

如果是轻度食物中毒，可以采取以下三点应急措施：

（1）催吐。如果有毒食物被吃下去的时间在一两个小时之内，可以采取催吐的方法。用 20 克食盐放到 200 毫升开水中，冷却后一次喝下。或者用 100 克鲜生姜，捣碎取汁用 200 毫升温水冲服。也可以用筷子或者手指去刺激咽喉，引发呕吐。

（2）排泄。如果患者吃下有毒食物的时间超过了两个小时但精神尚好，可以用泻药使食物尽快排出体外。一般煎服 30 克大黄即可，老年患者可以用开水冲服 20 克元明粉。

（3）解毒。如果是吃了变质的海鲜引起中毒，可以用 100 毫升食醋加 200 毫升水的方式解毒，或者用 30 克紫苏和 10 克生甘草煎服。

如果误食了变质的饮料或防腐剂，就用鲜牛奶或其他含有蛋白质的饮料灌服。

以上是轻度食物中毒的急救方法，如果使用上述方法未见好转或中毒较重者，应尽快送医院治疗。

69 毒药如何变成解药？

《神雕侠侣》中，杨过与公孙止比武时输了，被公孙止擒住，公孙止往杨过身上扔毒花，使得杨过中了情花毒。小龙女本就中了冰魄银针，此时她决心与杨过共同赴死，便也中了情花毒。

黄蓉和郭靖等人为了救杨过和小龙女的性命，来到了距襄阳城不远处的绝情谷，之后杨过和金轮法王等人也误入了绝情谷。

绝情谷的主人裘千尺是铁掌水上漂裘千仞的妹妹，她被公孙止废去了手脚困在鳄鱼潭洞中，后来被杨过和公孙绿萼救了出来。

众人本以为可以得到绝情谷主的绝情丹救下杨过和小龙女二人，可无奈绝情丹只有一颗，只能救一人性命。二人情意深重，谁也不肯吃下，最后杨过一气之下将绝情丹扔下断肠崖。

后来大家发现断肠草也能治情花毒，但是小龙女身上的毒却已经无药可解了。小龙女为了让杨过坚定生存的信念，便趁杨过熟睡之际跳下了断肠崖，还在石壁上刻下"十六年后在此相聚，夫妻情深莫失信约"这句话。

杨过醒来后看到这些虽然伤心欲绝，但最后还是用断肠草治好了自己的病。

这是金庸先生的小说中的一段故事，因为这段场景太过深入人心，很多人在想这情花毒和断肠草是不是真的存在。

其实情花毒只是金庸先生杜撰出来的一种毒，而断肠草却是真实存在的。

关于断肠草有两种说法，一种认为断肠草是雷公藤。

雷公藤生长于山地林缘阴湿处，分布在长江流域以南各地及西南地区。雷公藤是一种毒药，潜伏期一般在两个小时左右。但如果掌握好剂量，雷公藤也可以用来治疗类风湿性关节炎、结核、麻风等病，另外它还有杀虫、消炎、解毒之效。

关于断肠草的另一种说法是钩吻，一年生藤本，全株含有钩吻碱丁、寅、卯、甲、丙、辰、乙等生物碱。

钩吻碱寅的毒性较强，且麻黄碱等物质对其没有明显的解毒作用。钩吻碱甲的毒性较弱，可以用作镇痛剂，还可以治疗神经痛、急性脊髓灰质炎，外用可以治疗风湿性关节痛、痈疽、金创等。

其实，很多种毒药都有解毒的功效，关键在于剂量的使用。

比如马钱子，它又叫番木鳖。其毒性的主要成分是番木鳖碱，中毒症状是头痛、烦躁、肌肉有抽筋感、瞳孔缩小、呼吸不畅、对听觉、视觉、味觉、感觉等过度敏感，直到最后呼吸肌强直窒息而死。

但是马钱子又可以用来治疗风湿顽痹、麻木瘫痪、跌扑损伤、痈疽肿痛、重症肌无力等。

再比如乌头。乌头是多年生草本，它含有多种生物碱：次乌头碱、新乌头碱、乌头碱、川乌碱甲、川乌碱乙等。

乌头碱中毒会导致呕吐、腹泻、昏迷、呼吸困难、体温下降、肢体发麻、心律失常。古代时，乌头是标准的军用毒药，可以涂抹在兵器上。关公刮骨疗毒治疗的就是乌头的毒。

附子是乌头的旁生根，附子的毒性和乌头类似，但比较弱。因为附子性辛甘、大热，所以它是一味常用的中药，中医上常用它来治疗伤寒、中风、风湿等症，现在还将它制成注射液来治疗心力衰竭。

70 解药如何变成毒药?

  18岁的詹妮弗发现了母亲凯的尸体，医生判断凯的死因是心脏病发作。死者的丈夫赛波斯是名法医，他匆忙赶回家，并要求把尸体直接送往殡仪馆。但是警方却发现了这起案件的疑点，凯的身体一直很健康，赛波斯在凯突然死亡后却没有要求做尸检。

  赛波斯对此的解释是，他当时有些心烦意乱，在前一天晚上，凯已经出现了呼吸困难的症状，凯本来就有心脏病和糖尿病的家族史。赛波斯到卫生间去拿注射器，两次想要给凯抽血，等第二天去化验，但因为他笨手笨脚的，所以后来就放弃了。

  当警方问到注射器的去向时，赛波斯回答说扔到垃圾桶里了。侦探加里始终觉得事有蹊跷，于是尸体被送往戴德县法医办公室接受检验。时值1991年，经过防腐处理的尸体已经严重破坏了注入其体内的药物痕迹，再加上科学不太发达，检测结果如预料中一般没有为警方的怀疑提供任何有力的证据。

  警方并没有放弃，他们在赛波斯的电话记录中找到了他出轨的证据，而且发现凯身体中钾元素的含量比正常情况下要高。但是人死亡时，红细胞大量分解，也会导致大量的钾元素出现在身体各个部位，没有额外的样本就无法证明死者被注射了致命剂量的钾。

  数年后，毒物学家发明了一些新的检测方法。博尔德医生利用"四极飞行时间质谱仪"对组织样本进行检测，终于证明了凯的肾脏中含有琥珀酰胆碱。赛波斯作为法医，很容易得到琥珀酰胆碱，他为了避免支付高额的离婚费用，向妻子注射了致命剂量的这种药物。最终赛波斯得到了法律的惩罚。

这件案子一直被警方所怀疑，但是警方却用了好几年的时间才找到证据、查出凶手，就是因为凶手给死者注射的物质里面所含的元素，人体里也都有。在当年的科学水平下，除非马上进行检测，否则注射的钾元素和人体本身含有的钾元素根本无法分辨。

我们一般情况下所说的药物指的是能预防、治疗及诊断疾病的对身体有好处的物质。而毒药是能通过各种途径使人中毒甚至死亡的药物。案例中的犯罪嫌疑人所用到的琥珀酰胆碱并不是毒药。

琥珀酰胆碱是一种骨骼肌松弛药，临床医学中，病人在接受手术之前，常会被注射琥珀酰胆碱，这样做是为了防止病人在手术的过程中挪动身体。

琥珀酰胆碱是对人有益处的药物，但是任何事物都有两面性，如果有人居心不良，也可以用这种解救病人的药来害人，解药也就成了毒药。

Truth 冷知识·真相

琥珀酰胆碱是一种白色或近乎白色的结晶性粉末，味咸。它是目前所有的肌松药中起效最快的。这也是它进入临床 50 年之久，至今仍在广泛应用的原因。

琥珀酰胆碱易于控制，适用于外科手术，可使气管插管容易进行。其进入人体后能迅速被血中假性胆碱酯酶水解，静脉注射后先引起短暂的肌束震颤，从眉际和上眼睑等小肌开始，逐渐向肩胛、胸大肌、上下肢发展，松肌作用 60～90 秒起效，维持 10 分钟左右。重复静脉注射或持续滴注可使作用延长。

在静脉注射琥珀酰胆碱时，成人一次可注射 50～100 毫克，孩子每千克体重可注射 1～2 毫克。如果大剂量地向体内注射琥珀酰胆碱会引起呼吸麻痹，所以在使用时应提前准备好人工呼吸设备及其他抢救器材。

71 要命的相思豆你碰过吗?

南朝梁昭明太子萧统在禅寺中诵经念佛之际，遇到一哭着向佛祖祈福的女子，太子上前询问缘由。

原来，女子名叫慧如，家中母亲病重，没钱医治，只能来请佛祖保佑。昭明太子跟着女子到了她家破旧的老屋中，慧如的母亲躺在床上奄奄一息。太子看了看大娘，症状如同张仲景在《伤寒论》中所述。

昭明太子取出银针在沸水中消毒，然后按照五行针中的方法来施针，让寒邪从穴位中涌出。一炷香的工夫，躺在床上的大娘就醒了过来，母女二人对太子千恩万谢。

此后，慧如常去寺院帮太子洗衣扫灰，太子也会带慧如上山采药。可好景不长，次年春天，前方军情吃紧，皇上令萧统提前结束修行，出征边关。慧如这才知道身边的男子竟是皇太子。

临走时，太子拿出两颗心形种子，让慧如把它们种在院内，并承诺："红豆挂枝之时，我必回来娶你。"慧如种下红豆，盼望着太子回来娶她的日子，可是等来的却是昭明太子身殒战场的消息。

慧如连吐三口鲜血，喷在了红豆树上，气绝身亡，红豆树却结出了鲜红的心形果实。

红豆自古以来就是"相思"的代表，所以也有人叫它相思豆。王维有诗曰："红豆生南国，春来发几枝。愿君多采撷，此物最相思。"现在很多景区卖的纪念品中还有很多相思豆做的饰品。

但是谁也想不到，作为美好事物象征的相思豆中竟然含有剧毒。相思豆有毒的部分是其种子，它的种子中含有一种相思子毒素，是世界上已知的十大最毒的物质之一，它的毒性强度是蓖麻毒素的 70 多倍，被列为潜在的重要毒素战剂和生物恐怖病原物质之一。

纯化后的相思子毒素为微黄白色无定形粉末，无味，易溶于水、氯化钠和甘油溶液。相思子毒素不耐热，在 100 摄氏度的滚水下，经过 30 分钟它的毒性会完全消失。但完整的相思子毒素经过反复冰冻和融化对其毒性的破坏性很小。

Truth 冷知识·真相

相思子原产于印度尼西亚，现在已经遍布全球的热带和亚热带地区。它的生长能力非常强，如果不加以控制，往往会抢占其他植

物的生存空间。在短短 3 个月内，一株相思子植株藤蔓就可以长到
6 米高。

相思子种子的外层覆盖着一层薄膜，如果薄膜完好无损，那么
吞食种子便不会中毒。但是如果薄膜被划破或者损坏，那么吞食种
子就会有生命危险。不到 3 微克的相思子毒素就足以致命，而每颗
相思子所含的毒素通常都在 3 微克以上。

相思子毒素进入人体后，会与人体细胞膜相结合，并阻止蛋白
质的合成。而合成蛋白质是细胞主要的功能之一。

相思子毒素引起的中毒症状有：体温先升高后降低，出现蛋
白尿，有时会抽搐。相思子毒素引起人体中毒后，通常要经过几小
时至几天的潜伏期才会出现症状。具体症状可表现为口腔灼烧感、
吞咽困难、呕吐、腹部痉挛性疼痛、定向障碍、昏迷、视网膜出血
等。因此，有些东西外表美丽，却可能含有毒，大家一定要小心误
食，可远观不可亵玩焉。

72 致癌的二噁英是什么？

1999 年 5 月，比利时发生了一起食品污染事件，在部分鸡肉
和鸡蛋中测出含有高浓度的二噁英。除了鸡肉和鸡蛋外，牛肉、猪
肉、牛奶和各种衍生产品都可能受到了污染，这件事在欧洲引发了
食品恐慌，当然也波及了其他国家。

经过调查发现，比利时一家生产家禽、家畜饲料添加物的工

厂，其部分产品掺入了被二噁英严重污染的废机油。

受污染的动物饲料涉及比利时、法国、荷兰和德国的十多家饲料工厂，这些工厂又把受污染的饲料卖给了数以千计的饲养场，因此导致家禽、家畜产品和乳制品中含有高浓度的二噁英。

比利时在 1999 年 6 月 1 日销毁了当年 1 月 15 日至 6 月 1 日所生产的所有的禽肉产品。欧盟 15 国也停止销售比利时的禽蛋制品，多个国家宣布禁止进口禽肉食品。

此次事件造成直接经济损失 3.55 亿欧元，间接损失超过 10 亿欧元，对比利时出口经济的长远影响超过 200 亿欧元。

二噁英，又名二氧杂芑，是一种单环有机化合物，它是一种在工业上没有用处的副产物。此类化合物具有脂溶性，所以会积聚在动物脂肪组织及植物的某些部位。它的熔点较高，极难溶于水，但可以溶于大部分有机溶剂，是一种无色无味的脂溶性物质，对人体危害非常严重。

二噁英的毒性很大，是氰化钾的 1000 倍以上，有"世纪之毒"的称号。它的化学结构非常稳定，需要 800 摄氏度以上的高温才能分解。一般的焚烧过程会产生二噁英，但不能分解它，所以在处理二噁英化合物时，温度都要在 1000 摄氏度以上。

二噁英还具有微量的挥发性，挥发后可以通过大气系统传输，扩散污染。

地球在漫长的演化历程中会产生二噁英，这主要是由火山喷发、森林焚烧引起的。自从人类出现之后，大部分的二噁英是由人类的焚烧行为产生的。

我们的城市生物垃圾、医药垃圾和化学废弃物的焚烧会产生大量的二噁英。另外还有治炼、钢铁、汽车制造等工业，制造金属的过程也会产生二噁英。其他产生途径还有生产杀虫剂、除草剂、防腐剂的过程，造纸的漂白过程，供热和发电过程，矿物制品的生产，交通运输，等等。

二噁英的来源非常广泛，但是最主要的来源还是城市垃圾的焚烧，这也是我国近几年主要面临的污染问题。

Truth 冷知识·真相

排放到大气环境中的二噁英可以吸附在颗粒物上，沉降到水体和土壤中，然后通过食物链的富集作用进入人体。

人类短期内接触高剂量的二噁英，可能会导致皮肤损害，如氯痤疮和皮肤色斑，还有可能会改变肝脏功能。长期接触则会损害免疫系统、发育中的神经系统、内分泌系统和生殖功能。

由于二噁英普遍存在，所有人的身体里都有一定程度的二噁英，这也就产生了所谓的机体负担。虽然目前环境中的二噁英对成年人的影响不太大，但对发育中的胎儿却有很大的影响。根据日本研究人员的一项研究显示，二噁英在母亲体内蓄积后，会加剧孩子的孤独症倾向。

另外，二噁英具有极强的致癌性，1997年，国际癌症研究机构将210种二噁英中的2，3，7，8-TCDD确定为一类人体致癌物。

73 最毒树木——见血封喉长什么样?

相传，傣族的一位猎人在狩猎的时候被一只大狗熊追赶，猎人为了保命爬上了一棵大树，但是狗熊仍然不放弃，穷追不舍，想要把猎人从树上晃下来。就在紧要关头，猎人急中生智，折断了一根树枝刺向了正在往树上爬的狗熊，狗熊当即落地而死。

一般情况下，大狗熊是不可能被刺了一下就立刻死亡的。猎人意识到这树枝有毒，他将这件事传播开来。从此之后，西双版纳的猎人就学会了把这种大树的汁液涂在箭头上用于狩猎。中毒箭而死的野兽的肉仍然可以食用，没有毒性。

这种树后来被人们称为见血封喉，又叫箭毒木。

当地少数民族在历史上曾将见血封喉的枝叶和树皮等捣烂，取其汁液涂在箭头上，射猎野兽。相传，凡是被射中的野兽，上坡的跑七步，下坡的跑八步，平路的跑九步就必死无疑，当地人称之为"七上八下九不活"。

Truth 冷知识·真相

见血封喉是国家三级保护植物，种群数量稀少。它是一种剧毒植物，有毒成分为瓢 α - 见血封喉甙和 β - 见血封喉甙。它的乳白色汁液如果误入眼中，会引起双目失明；如果进入体内，就会导致中毒者心脏停搏、血管封闭、血液凝固，以致在 20～30 分钟内窒息死亡。

但它是有克星的，它的解药名为红背竹竿草，在云南和中南美洲的少数地区可以采集到。

红背竹竿草也是国家三级保护植物，多生长于见血封喉周围，这种解药像小草一样很难分辨，只有少数彝族老人可以辨认出来。将红背竹竿草叶片取下来捣碎至糊状敷于伤口处即可解见血封喉毒。

除了毒性，见血封喉乳汁的乙醇提取物还具有强心、升压及增加心排血量等作用，在医药学上有研究价值和开发价值。

科学家对毒汁进行提炼，提炼出了强心苷，这是一种救命的良药。这类药物小剂量使用时有强心作用，能使心肌收缩力加强，但是大剂量使用时会使心脏中毒而停止跳动，安全范围小。

L ink 冷知识·链接

见血封喉多生长于海拔 1500 米以下的热带雨林中，它通常高 25～40 米，胸径 30～40 厘米，树皮呈灰色，略粗糙，小枝幼时被棕色柔毛，干后有皱纹。它多分布于我国的广东、海南、广西、云南南部等地，在斯里兰卡、印度、缅甸、泰国、马来西亚、印度尼西亚等地也有其身影。

见血封喉的树皮特别厚，富含细长柔韧的纤维。云南省西双版纳的少数民族常巧妙地利用它制作褥垫、衣服或筒裙。

取长度适宜的一段树干，用小木棒翻来覆去地均匀敲打，当树皮和木质层分离时，就用刀将它剖开，整块剥取，然后放入水中浸泡一个月左右，再放到清水中边敲打边冲洗。这样可以除去毒液、脱去胶质，再晒干后就会变成一块洁白、厚实、柔软的纤维层。

用它制作的褥垫舒适耐用，睡几十年弹性依旧，用它制作的衣服轻柔保暖，深受当地居民的喜爱。

74 河豚的毒性有多大？

老冯的家在江边，常能吃到新鲜的鱼虾。他和家人都知道河豚是有毒的，但是用他自己的话说，以前他们抓住的小河豚，不杀死就直接煮着吃，从没出过事。

这天，他们又从江里捞到了两斤多小河豚，每条大概3厘米长。一家人也没多想，就像以前一样把河豚煮了。老冯夫妻、老冯的母亲、老冯的儿女一家五口人一起把这两斤多的小河豚吃完了。

可是没想到，5个小时后，老冯一家人陆续出现了嘴唇和手脚麻木、四肢无力等症状。老冯的母亲吃得很少，症状轻微，没有到医院就医，其余四人都被送到医院就诊。

因为老冯的妻子、儿女症状相对较轻，经过治疗后已无大碍。老冯的情况比较严重，他吃得最多，而且还喝了酒，酒精能促进毒素的扩散。老冯被送到医院后，经过气管插管、接呼吸机辅助呼吸、血液灌流吸附毒素等抢救治疗后，才逐渐恢复自主呼吸。

河豚有毒这件事几乎尽人皆知，但还是有很多美食爱好者选择铤而走险。原因有很多，首先，河豚的味道鲜美、营养丰富、价格低廉，很多渔民都有食用的习惯。

其次，我国的河豚有40多种，并非所有的河豚都有剧毒，其中有30%是强毒，70%为弱毒，高低相差4000倍。所以有时渔民食用的河豚本身可能毒性很弱，再加上处理得当，食用后不一定会引起中毒。人们由此就直接认为吃河豚不会轻易中毒。

最后，河豚死亡时间过长时，毒素会渗透到鱼肉中。但其实一般情况下，河豚毒素是存在于鱼的卵巢、血液、鱼鳃、肝脏和皮肤中的，鱼肉一般不含或含有少量毒素。如果鱼很新鲜，加工时将有毒的部分去除干净，吃后中毒的概率就会大大减小。

T ruth 冷知识·真相

河豚在我国产于沿海及长江下游，有很多品种。一般来说，冬春之交处于生殖繁育时期的河豚毒性最强，且雌性的毒性大于雄性。河豚不同部位中的毒素毒性强度也不一样，按照从强到弱的顺序，一般是卵巢、脾脏、肝脏、血液、眼睛、鳃耙、皮肤、精巢。肌肉中多数不含有河豚毒素，但河豚死后，内脏中的毒素可渗透到肌肉中，此时鱼肉中也会含有少量毒素。

河豚毒素的化学性质很稳定，用盐腌或者日晒等一般烹调手段都不能将其破坏，只有在高温加热或碱性条件下才能被分解，220摄氏度加热20～60分钟可使毒素全部被破坏。

如果误食了有毒的河豚，一般在食用后半小时至 3 小时发病，发病时间越短，说明病情越严重。首先会出现胃部不适、恶心、呕吐、腹痛、便血等症状；随后全身不适、舌尖及指端发麻、四肢无力、行走困难、呼吸不规则、血压下降；最后会呼吸麻痹，快则 10 分钟，慢则 4～6 小时会死于呼吸循环衰竭。

河豚毒素中毒没有相对应的解毒剂，但是由于毒素在体内解毒和排泄非常快，如果发病后 8 小时内没有死亡，那么多数都能恢复。所以，一旦发现中毒，应该尽快给予各种排毒和对症处理的措施，让患者度过危险期。

对于河豚中毒的处理方法，首先要尽快排除毒物，可以采用催吐、洗胃、导泻的方式；然后用吸附剂减少毒物的吸收，促进毒素的排泄；接着用肾上腺皮质激素提高组织对毒素的耐受性。

75 什么物质易引发肾中毒？

小李是一位 20 多岁的普通上班族。一天早上，她起床时发现自己的眼睛和脸竟然在一夜之间肿了起来，四肢出现了无力的症状，于是她赶快请了假到附近的医院去检查，可是却怎么查也查不出浮肿的原因。

随后，小李赶到省级医院进行检查，此时她的全身已经出现明显浮肿了，精神也越来越差。经过一系列的检查，医生确诊小李为汞中毒，而且已经发展成为肾病综合征。

小李表示，自己平常的生活和工作中并没有和汞元素接触的可能，只是在大约一个月前，她曾在老家的美容院中使用过美白产品。

经过20多天的治疗，小李脸部的浮肿已经明显消退，后顺利出院，并与曾经为她做美容的美容院进行交涉。

小李进行治疗的医院院长表示，这已经是四个月以来第五个汞中毒病例了。因为汞对皮肤内黑色素的生成有抑制作用，也能明显淡化皮肤上的斑点，同时，汞离子原料的价格并不高，所以很多化妆品中都会加入汞，以达到美白、祛斑等功效。

类似案例中使用美白产品而发生汞中毒的案件并不少见。有一位女士在例行体检的时候突然被告知患上肾炎，还被检测出汞中毒。经过医生的询问，这位女士表示自己一直在一家美容院进行美白护理，使用的也是该美容院为自己搭配的产品。

女士根据医生的建议，将自己使用的美白产品进行检测，结果显示其中一款产品汞超标高达约3万倍，甚至还有一款产品中汞超标约4万倍。

通过使用化妆品这样的方式接触汞元素，大约需要一个月就会中毒，但是要将汞排出体外则需要很长时间。

Truth 冷知识·真相

虽然汞中毒不像氰化物、神经毒气那样凶猛，但是这是一个长远问题。经食物摄入人体的汞量如今已经达到了每天20～30微克，严重污染地区甚至已经高达每天 200～300 微克。这对人类的健康造成了严重威胁，所以汞中毒的防治问题已经成为世界各国共同面临的重要课题。

急性汞中毒的症状为口中有金属味、头痛、呕吐、烦躁不安、呼吸困难、牙龈糜烂、肝脏异常、尿毒症等。

亚急性汞中毒的症状与急性汞中毒相似，但程度较轻。可发生脱发、失眠多梦等问题，一般脱离接触并治疗，数周后可治愈。

慢性汞中毒会出现头晕、没食欲、心悸、喜怒无常、口腔炎、手颤、腰痛、蛋白尿等症状，一般脱离汞接触，加以治疗后可恢复。

L ink 冷知识·链接

汞是银白色液态金属，常温中也可蒸发。常见的汞中毒以慢性为主，主要发生在生产活动中，因长期吸入汞蒸气和汞化合物粉尘所致。

汞广泛存在于自然界中，各种自然现象都可使汞从地表经过大气、雨雪等环节不断循环，并可为动植物所吸收。汞存在的范围广，再加上易蒸发，所以汞中毒是常见的职业中毒。生产性中毒常见于汞矿开采、金和银的提取、制药和核反应堆冷却剂等材料的生产工人中。

76 罂粟的危害有多大？

某派出所接到市民的举报，说一家麻辣烫店生产有毒、有害食品。民警立即赶往现场，询问店主是否在麻辣烫中添加了有毒物质，抱有侥幸心理的店主矢口否认。

民警将麻辣烫底料进行打包，并提取了店里顾客食用的汤料进行更准确的化验，店主也被带回到派出所接受调查。

在审讯室中，民警再次询问麻辣烫店主是否有在汤料中添加罂粟壳。店主意识到警方已经提取了麻辣烫底料，肯定能化验出罂粟壳的成分，于是承认了自己的犯罪行为，并且带领民警到麻辣烫店后面的仓库中找到了一袋罂粟壳。

店主交代，刚开始经营麻辣烫店时，生意不是很好，后来听说在汤料中加罂粟壳可以提升汤的香味和鲜味，他就开始照做了，生意果然好了起来。

罂粟壳中含有吗啡、可待因和罂粟碱等物质，这些生物碱会作用于大脑，使大脑中的神经递质分泌紊乱，从而影响人体的神经中枢，进而导致身体各个系统产生不良反应。

食用罂粟壳之后，可能会心跳加速，感到兴奋、激动，也可能会举止轻浮、冲动。另外，罂粟壳还具有镇静止痛的作用，食用之后可能会容易犯困、呼吸困难，严重时甚至会因呼吸停止而死亡。

如果罂粟壳食用过多，尿检会呈阳性，与吸毒一样，如果吃了加入罂粟壳的麻辣烫再开车，有可能会被交警查出毒驾。

我们都知道吸毒是犯法的，但是对于上述这种在麻辣烫底料中加入罂粟壳的行为，依法会怎样处理呢？

Truth 冷知识·真相

根据《治安管理处罚法》第七十一条的规定，对非法运输、买卖、储存、使用少量罂粟壳的，处 10 日以上 15 日以下拘留，可以并处 3000 元以下罚款；情节较轻的，处 5 日以下拘留或者 500 元以下罚款。对情节严重的，要依据生产、销售有毒、有害食品罪来处罚。

根据《刑法》第一百四十四条的规定，在生产、销售的食品中掺入有毒、有害的非食品原料的，或者销售明知掺有有毒、有害的非食品原料的食品的，处 5 年以下有期徒刑，并处罚金；对人体健康造成严重危害或者有其他严重情节的，处 5 年以上 10 年以下有期徒刑，并处罚金；致人死亡或者有其他特别严重情节的，依照本法第一百四十一条的规定处罚。

毒品的危害之大相信不需要我赘述，我国法律对这方面的处罚之重也是理所当然的。

根据《刑法》第三百四十七条的规定，走私、贩卖、运输、制造毒品，无论数量多少，都应当追究刑事责任，予以刑事处罚。

但是毒品的数量对量刑的轻重是有影响的，在量刑方面，走私、贩卖、运输、制造毒品数量越多，量刑越重，直至死刑。

L ink 冷知识·链接

有一些老年人认为罂粟可以治病止痛，就会在自家院子里偷偷种一些。其实这也是违法犯罪行为。

根据《刑法》第三百五十一条的规定，非法种植罂粟、大麻等毒品原植物的，一律强制铲除。种植毒品原植物数量达到 500 株以上的，就构成刑事犯罪，不满 500 株的，依据《治安管理处罚法》第七十一条的规定，处以 10 日以上 15 日以下拘留。

不过，非法种植罂粟或者其他毒品原植物，在收获前自动铲除的，可以免除处罚。

Part 6

犯罪心理

——揭秘犯罪嫌疑人自己都不知道的另一面

人，太复杂了。诚如东野圭吾所言：
"世上唯阳光和人心不可直视。"

77 一个人可以分裂出 11 个人格吗？

　　电影《致命 ID》讲的是一个典型又引人入胜的悬疑故事：一家汽车旅馆中住进了 11 个人，他们中有夫妇、警察和他的犯人、过气女明星、司机、妓女、神秘的旅馆经理。因为天气恶劣，通讯中断了，他们 11 个人被困在了旅馆里。

　　他们一个接一个地死去，并且按照顺序留下了牌号。剩下的人开始恐惧并且互相猜忌，他们无意间发现了彼此之间的联系，但是他们怀疑的嫌疑人却纷纷死去，谜团笼罩在旅馆狭小的空间里。

　　其实这 11 个人都是麦肯·瑞夫的分裂人格，这 11 个人格互相交替控制着他的身体。麦肯·瑞夫小时候遭到过妓女母亲的虐待，形成的邪恶人格在现实中杀害了 6 个人，被判死刑的前夕，他的主治医生马利克发现了麦肯·瑞夫小时候的日记，发现了他有人格分裂。于是医生和法官要消灭他身体里所有邪恶的人格，就发生了上面的故事。

　　悬疑推理电影中常会用人格分裂的主题，喜欢悬疑片的人看到这样的故事往往会觉得很刺激。但是我们在现实生活中却极少看到真正拥有多重人格的人，有些犯罪分子为了逃避法律的制裁，会装作像人格分裂一样，但假的终归是假的，心理医生会识破他们的小把戏。

多重人格障碍是心理疾病的一种，它的出现与童年创伤有关，尤其是性侵害，当受到难以应付的冲击时，患者会用"放空"的方式，以达到"这件事不是发生在我身上"的感觉。

Truth 冷知识·真相

国外曾出现过这样一个多重人格的女性病例。患者叫南希，她身上还有另外两个人格，分别叫"凯蒂"和"莉莲"。

"南希"人格胆小怕事，依赖性很强，经常感到抑郁和焦虑。"凯蒂"似乎在一个黑暗的地方生活着，她对"南希"和"莉莲"一无所知。而"莉莲"对"南希"的一切却都了如指掌，对"凯蒂"的行为也有所了解，她狡猾、迷人、世故。

在对南希的治疗过程中，医生发现"凯蒂"是从南希14岁时分裂出来的，因为那一年她看到了母亲的不轨行为，受到了刺激，于是就用刀子杀死了母亲。但其实这只是她的想象，她有杀母冲动，但并没有真正实施。在"凯蒂"的印象中，她一直以为她杀死了自己的母亲。

"莉莲"是南希生第二个孩子时分裂出来的人格，南希的父母告诉她，他们看到南希的丈夫吻了另一个女人。这件事让南希愤怒异常，杀人的想法又从她的脑海中冒了出来，于是她就分裂出了"莉莲"，以此缓解这种犯罪冲动。

多重人格中的各个人格都是独立的，一种人格出现，其他人格就会自动退场，不会出现几种人格争夺控制权的情况。至于哪种人格出来支配大局，基本上是遵循当时的环境最适合哪种人格，就启动哪种人格的原则。

多重人格在本质上，就是一种通过频繁地变换人格来适应环境的心理现象，一种适应环境的心理努力。

78 微表情靠谱吗？

一名30岁的男子黄某报警称他昨日与一女子张某到开发区要账，没想到事情办完后，黄某竟然就再也联系不上张某了，张某失踪了。

接到报案后，民警迅速展开调查，结果发现这并不是一起普通的人口失踪案件，张某有被侵害的嫌疑。通过走访调查等多项基础工作的进行，民警发现报案人黄某的报警内容与事实有极大出入，而且黄某在提供情况的过程中闪烁其词。民警在察觉到黄某的异常后，当即围绕黄某和张某展开了大量调查。

调查发现，黄某具有重大作案嫌疑，但黄某矢口否认自己与张某失踪有关，警方又没有找到张某，调查陷入了瓶颈。专案组重新整理思路，多个调查小组协同推进，围绕人、事、物等关键环节和案发轨迹，再次寻找突破口。经过两周的攻心和较量，在大量的证据面前，黄某的心理防线终于被击溃，交代了自己杀害张某的犯罪事实。

在上述案件中，黄某从开始去报警那一刻就做好了说谎到底的心理准备，贼喊捉贼。我们在很多影视剧中见到过，警察在给案件相关人员做笔录时，会对其说话时的细微表情进行仔细观察，以判断对方是否在说谎。那么在这起案件中，如果民警早就发现黄某是在说谎，为什么还要如此大费周章呢？

如果民警们真的都能像影视剧中演的那样轻易地分辨表述者的真伪，那破案的确会省很多事。但问题是民警们也是人，不是神仙，他们不过是面对犯罪分子的经验比我们要丰富一些，这并不代表他们有着测谎仪的本事，况且测谎仪的结果也不一定全都是准确的。

很多人都听到过这样一种说法：一个人在说话的时候，通过观察他的眼睛就可以看出他是不是在撒谎。按此推论，如果一个右撇子向右看，那就显示他的大脑右半球活动活跃，右半球是最富创造性的，也就是说他有可能是在编故事说谎。如果他的眼睛向左看，则证明这个人说话时使用的是偏重逻辑和理智的左半球，他应该是在说真话。

我们常会看到这种方法在文学作品中被广泛应用，而且这些文章还指出，这种方法会被用于训练那些审问犯人的警察。那这个说法是真的吗？

Truth　冷知识·真相

英国赫特福德大学的心理学教授理查德·怀斯曼对"观察说话

者眼睛就能判断其是否在说谎"的说法进行了实验。

参与实验的其中一半人被要求称自己将手机放在了桌子抽屉里，但实际上手机都在他们自己的包里，另一半人要说实话。整个实验过程都被录了下来，实验者对参与实验的人的眼部运动进行了分析，统计结果显示，两组人在说话过程中看左看右的频率几乎是相同的。所以通过观察眼球运动方向的方法来测谎并不靠谱。

在现实生活中，别说只是用肉眼来观察，就算把对方绑在椅子上时时监测他的各项生理指标，甚至是放到核磁共振扫描仪中去扫描他的大脑活动，也不能百分之百判断出他说的话哪句是真，哪句是假。

得克萨斯基督教大学的查尔斯·邦德和加州大学圣塔芭芭拉分校的贝拉·德保罗共同研究发现，人们分辨谎言和真话的平均正确率大约54%，而且大部分出错是因为人们容易把谎话当真。而像警察、法官等这种专业人士的正确率比普通群众还要低，因为他们太过多疑，常会把真话当成谎话。

英国朴次茅斯大学的研究者阿尔德特·弗瑞总结出一些测谎难的原因。

首先，很多时候人们的谎话和真话是掺杂在一起的，测谎者很难对这些细节进行即时判断。其次，有些人天生擅长说谎，他们思维敏捷、创造力和记忆力出众，而且拥有三寸不烂之舌，他们不会像一般人那样因为撒谎而产生情绪波动。最后，许多网络上流传的说谎标志，像回避视线、摸鼻子、神情紧张等，和说谎并没有直接关系，太注重这些线索，忽视个体之间的差异，会导致错误的判断。

79 真的有凶手重返犯罪现场吗？

加里·里奇韦堪称美国历史上杀人最多的连环杀手，因为最初发现的 5 名受害者尸体是在西雅图南郊的绿河附近，所以他被称为"绿河杀手"。加里在 1980 年至 2000 年间至少杀死了 48 人，他自己供述的人数达到 71 人。

加里在 16 岁时袭击了第一名受害者，那个 6 岁的男孩幸免于难。加里当时边将树枝捅进男孩的肚子边笑着说："我一直想知道杀人是什么感觉。"

成年后的加里成了一名卡车喷漆工，正因如此，他可以用不同牌照、不同型号的卡车去作案。

他的作案对象多是妓女和无家可归的年轻女性，加里会先强奸受害者，再勒死她们，甚至还经常回到埋尸地查看尸体，直到尸体腐烂为止。

一般人如果在迫不得已或者一时冲动的情况下杀了人，多数会很慌张，他们会尽快逃离案发现场，远走高飞，甚至再也不与自己之前的家人朋友联系，就怕被找到。他们绝对不会再回到事发地附近，甚至连想起来都会做噩梦。

犯罪现场会勾起罪犯的回忆和潜藏在心底的恐惧，就像情侣分手后再故地重游就会勾起伤心事一样。可是有那么一些犯罪嫌疑人，他们在作案后喜欢返回案发现场。这种犯罪嫌疑人多是有心理疾病的。

美国联邦调查局曾给出过一份对于异常心理支配下（特别是连环杀手）相关的研究报告，其结论是：27%的异常心理极端行凶者会回到犯罪现场。这27%的行凶者中为了寻找特别的感觉的占48%；为了了解案件的后续调查情况的占19%；为了和尸体发生性关系的占6%。

T ruth 冷知识·真相

案发后回到案发现场的犯罪分子有如下几种：

（1）回到案发现场观察警方的调查动向。在作案后，恐惧、敏感、紧张会如影随形地跟着行凶者，他会感觉到处都有人在调查自己。在这些情绪的作用下，不同的人会有不同的反应，多数罪犯会选择逃跑，但是有一小部分罪犯会产生一种对办案过程的知情欲望，想弄清楚警察们在干什么，于是就会返回案发现场。

（2）怀着"亡羊补牢"的思想回到现场。有些犯罪者在作案后会突然想起自己在作案时遗留的一些关键物证，又想着警方可能还没有到达现场，所以就抱着侥幸心理回到案发现场去毁灭罪证。

（3）极端的表演型人格障碍、反社会人格障碍的凶手会因为心理异常回到犯罪现场。这种情况是非常少见的。

有些凶手认为自己的整个犯罪过程完美得像一件艺术品，案发现场是他们表演的舞台。他们回到作案现场时如果能看到残留的血迹或警方遗留的记号，会有莫大的满足感。而且看到受害人家属悲痛欲绝，看到警察对案子束手无策，凶手会很有成就感。

　　这种犯罪分子陶醉于犯罪结束后现场的混乱和恐慌，而且事后会不断地重温那个场景。他们甚至会参与救援和调查，积极报名参加搜救志愿者。

　　（4）恋尸癖。他们出于对尸体的疯狂迷恋会不断地回到案发现场，前文中的"绿河杀手"就属于这种情况。

　　（5）有些惯犯会抱着学习的心态回到现场附近，观察警察的调查进展，从中吸取经验，以便下次更加完美缜密地作案。

　　比如抢劫杀人案犯人胡道平，从 1995 年起的 10 年间，他在盗窃、越狱、抢劫和杀人之后又多次潜回案发现场，学习警方的侦破手法。只有初二文化水平的他还自学了氧气切割技术和自制化学毒气，然后用这些技术，在两年内 4 次抢劫金店、金库，连杀 7 个人，所有的犯罪都是他自己一个人完成的。

80　恋童癖是一种病吗？

　　2002 年 1 月 6 日，美国媒体揭露波士顿教区约翰·乔根神父性侵男童，整个社会瞬间震惊，加上教会领袖曾刻意掩盖整个事件，一时间天主教教会也被千夫所指。

　　骇人听闻的是，乔根事件反映出来的不是单独的案件，接下来的几个月内，从东海岸到西海岸，一个教区接着一个教区，一个城市跟着一个城市，被揭发有类似事件的发生，各地像发麻疹一般迅速传出多宗神父性侵犯和教区以私了形式尝试掩盖罪行的投诉。

对于那些犯了罪的神父，教区并没有将他们开除，常用的手法是将他从一个教区调到另一个教区。

警方经过调查，确认乔根在 30 年的神职生涯中，曾涉嫌在 6 个教区对 130 名男童实施性侵犯。

恋童癖犯罪是每个国家都在面对的一个社会问题。由于受害人的年龄很小，这类犯罪给受害人带来的影响往往是终身性的。

我们在指责对儿童进行性侵犯的罪犯时，也需要思考一下这背后的心理因素。

恋童癖是性偏好障碍的一种，他们对青春期前的孩子反复表现出性的兴趣，比如存在持久的性意图，进行性幻想，迫切的性要求，有性唤醒以及与孩子发生性行为。

恋童癖可以分为同性恋童癖、异性恋童癖以及双性恋童癖。恋童癖多见于男性。

鉴定一个人是不是恋童癖有如下几条标准：

（1）对青春期前的孩子反复又强烈地表现出性的兴趣；

（2）这种状态至少持续 6 个月；

（3）性幻想、性冲动或性行为已经干扰了工作和生活的正常进行；

（4）被评估人至少年满 16 岁，而且比针对的儿童大至少 5 岁。

恋童癖的病因，首先是内心的认知扭曲，他们坚信孩子也需要获得性满足，而自己是有与孩子发生性关系的"权利"的，成年人是污浊的，儿童是更合适的性伴侣。这些阴暗扭曲的观念不会轻易表达出来，它们可能形成于青春期前后，因为在步入青春期后，扭曲的观念和意识就发展到了性领域，产生越来越强的需求系统。

然后是恋童癖者可能存在大脑某些区域功能异常，神经生物学和神经发育异常，恋童癖的智商普遍偏低。

最后是一些人在童年时期曾遭受过性虐待，他们长大后可能会对成年人缺乏兴趣，转而把儿童当成性对象。对儿童进行性侵害也是他们对抗早期不愉快经历的一种方式。

同性恋童癖者多为青壮年，他们的心理动机往往有以下几种：一是童年时期曾被人猥亵或强奸，成年后出于报复或寻找快感；二是压力大，对成年人之间复杂的人际关系厌烦，就想要在孩子身上找到简单的感觉；三是男性家庭不幸福，反复受到女性侮辱，这种人对成年女性有愤恨心理，只能将兴趣转移至男性身上，因为不容易找到同伴，便以男童代替；四是同性恋单纯因为找不到合适的性伴侣，于是就以男童替代。

异性恋童癖者往往是嗜酒、发育迟缓的人或者是年龄较大的男人，他们接触正常成年女性的机会较少或者无法受到青睐，因为小孩比较容易控制，所以就将主意打到了孩子身上。

还有一部分异性恋童癖者因为性功能障碍而无法进行正常性生

活，所以将满足性欲的对象转向年幼的女童，刚开始的出发点可能只在于满足正常的性需求，但是一旦在幼女身上体验到快感，就会形成一种惯性，从而对成年女性彻底失去兴趣。

恋童癖并不完全是后天环境和扭曲的心理产生的，有的恋童癖很大程度上是先天性的无法抑制对特定年龄段未成年人的性冲动，这样的个体会有非自愿的异常性冲动。他们其中有些人即使再痛苦，也不会去伤害孩子。

也就是说性侵儿童的不一定就是恋童癖，恋童癖也不一定就会有性侵儿童的行为。

和其他性欲倒错障碍一样，恋童癖也极难矫正。目前的条件反射疗法和药物疗法效果都不理想。

81 吸血鬼是精神病吗？

1978 年 1 月 23 日，大卫·沃林下班回家，发现已经怀孕 3 个月的妻子死在了卧室里。

警方到场后发现死者下腹部被剖开，内脏被取出来扔在了一边，其中一些被刀切碎过，部分内脏缺失。死者全身有 40 多处刀伤，伤口有的深有的浅，无规律可循。

死者嘴里被塞入动物粪便，卧室桌上的牛奶瓶中有被害人的血液成分，警方推测凶手曾喝过犯罪嫌疑人的血液。门上和墙上有 20 多个弹孔，现场没有被翻动过的痕迹。

在受害人死后继续捅刀，只有两种可能，一是仇杀，二是精神病人作案。如果是精神病人，他很快会再次作案。

果然，3 天后，距离沃林案不到 1.6 千米的地方发生了"三尸案"。死者伊芙琳·莫罗斯身上有 70 多处刀伤，被剖腹、强奸，她的儿子身中两枪，她的朋友身中七枪。与上次的案件不同的是，凶手带走了死者的血液和钱财。

两天后，一名女子给警方提供线索，称自己曾在案发后的时间看到一个满身是血的人，这人是她的高中同学——理查德·蔡斯。警方很快逮捕了理查德·蔡斯，他就是本案的凶手。

理查德的家中有大量的血液和人类内脏，他为自己吸血给出的原因是自己的血液即将变成粉末，必须吸血才能活下去。

茹毛饮血说的是原始人不知道要吃煮熟的食物，形容的是一种野蛮的文明发展阶段，在现在这个高度文明的社会里，饮血这个行为实在让人难以理解，但蔡斯却是一个对饮血上瘾的活生生的例子。

蔡斯犯案的原本目的不是杀人，而是为了满足那种变态的寻求血液的幻觉。他患有偏执型精神分裂症。

1950 年 7 月，蔡斯出生于萨克拉门托市的一个中产家庭，他母亲患有精神病，而且有暴力倾向。他 12 岁那年，母亲学会了吸毒，自那之后，父亲和母亲常发生冲突，终于在他 15 岁那年离婚了。

蔡斯也是从那时候开始从一个正常的孩子变成了一个劣迹斑斑、常出入监狱的暴徒。

蔡斯的精神分裂症与其同样患病的母亲有很大关系。偏执型精神分裂症的形成，一般是以多疑、敏感为土壤，逐渐发展出妄想而形成的，当妄想根深蒂固时，患者的行为和情感会受到幻觉的支配。

Truth 冷知识·真相

其实并不是所有的精神病都会产生严重暴力或者饮血上瘾，它包括很多内容，小到失眠，大到重性精神病。

精神分裂症可以分为偏执型精神分裂症、青春型精神分裂症、单纯型精神分裂症、紧张型精神分裂症和未分化型精神分裂症。暴力型精神分裂症患者是由一部分偏执型精神分裂症和一部分未分化型精神分裂症患者组成的。

精神分裂症患者中只有一小部分会成为施暴者，但是他们大多都是暴力受害者，由于认知和情感功能的损伤，他们很容易成为施暴对象。而且因为疾病限制了患者的职业选择和生活能力，社会地位的低下常迫使他们出现在暴力案件高发区，甚至无家可归。这样的弱势群体才是精神分裂症患者的主流。

如果精神分裂症患者出现暴力行为，在庭审的时候，辩方律师往往会以严重精神疾病为由请求轻判或者进行无罪辩护，这时候就要进行司法鉴定。

司法鉴定的关键不在于证明某人是否有精神病，而是证明某人是否具有刑事责任能力。

在司法鉴定中，对犯罪人的责任能力判断首先应该考虑的是其作案的智力水平，他是否有特定的作案目标、有无犯罪预谋和策划特征；其次是判断他是否主观故意；最后是要判断犯罪人是否伪装成精神病人，或者他曾经患病，但是在没发病时故意作案。

总而言之，刑事责任能力鉴定有三种可能的结果：

（1）无刑事责任能力，这种可以直接做无罪辩护；

（2）限定刑事责任能力，这种情况下可以酌情减轻处罚；

（3）完全刑事责任能力，这需要犯罪嫌疑人承担全部后果。

82 什么是代理型孟乔森综合征？

和大多数母亲一样，单身母亲莱西也很喜欢"晒娃"，她在网上晒出了自己儿子加尼特穿着各种可爱衣服的照片。照片中 5 岁的加尼特那么阳光，谁也想不到他小小年纪，就曾住院 23 次，做了 7 次外科手术，得过的病有中风、心脏早搏、耳部感染、消化系统疾病、细菌性肠炎、背部痉挛等多种病症。

她在网上记录生活，里面的内容通常都是非常有正能量的。其中有很多是关于她与儿子一起勇敢对抗病魔的，很多人被莱西和加尼特的勇敢深深感动，甚至建立起了一个小型后援会。

2014 年 1 月，加尼特因为急性肾衰竭住进了纽约的医院，因为病情发展迅速，6 天后，加尼特匆匆离开了人世。

莱西和加尼特与疾病进行斗争的经历吸引了很多出版商，希望将她发在网上的内容出版，做成一本纪念加尼特的书。

出书的事情还在商谈中，法医却提交了加尼特的尸检报告，死因是他杀。警方发现加尼特是被莱西喂食了超过致死量的食盐而死的。

莱西偶然将加尼特受伤摔倒后，自己对儿子鼓励的内容发到网上，引来很多人来点赞，这让她有了受关注的感觉，此后她至少4次故意使孩子受伤或生病，而且把细节都发到了网上。事情败露后，莱西立刻将相关内容都删除了。

据美国的司法统计，从 2000 年来，每年大约有 600～1000名受审者被确诊为代理型孟乔森综合征，其中大多数都是针对未成年子女的虐待案。而在这些虐待案中，有 98% 的犯罪嫌疑人都是受害儿童的亲生母亲。

孟乔森是一位 18 世纪德国伯爵的名字，他的著名事迹就是不可思议的装病故事。1951 年，精神病学家理查德以孟乔森的名字命名孟乔森综合征，用以形容某些成年人故意编造制造疾病，以便取得医学上的关注行为。

1977 年，罗伊教授用"代理型孟乔森综合征"来形容护理人在他人身上编造、制造疾病症状的行为。这种病的患者多数是儿童的父母，他们要不伪造或夸大儿童的病症，要不直接伤害儿童而迫使他们接受治疗，目的仅仅是为了引起他人对自己的关注。

这种病有时也会出现在医生或护理人员身上，他们故意给自己的病患制造一些伤病，再尽力去照顾和救治这个人，以此来满足自己"关爱"他人的愿望，从中获得一种扭曲、变态的成就感和掌控局面的权力感。

美国精神障碍诊断统计手册中记载，被诊断为代理型孟乔森综合征（又叫作作用于他人的虚伪性障碍）需要满足的条件包括：

（1）谎称或人为造成他人精神或身体上的病理症状；

（2）主动对外界声称受害人受伤或生病；

（3）不具备实际的好处和收益；

（4）行为无法用其他精神问题解释。

代理型孟乔森综合征患者的一个公认的特征就是患者的说谎倾向，所以研究这种疾病的难度就大大增加了。根据统计结果显示，患者中有 45.6% 从事过医疗相关职业，他们往往会对症状进行说谎，比如我的孩子昨晚抽搐了（其实没有）；在对被害者进行身体检查时，在样本中动手脚，以操控检查结果，比如护士在给病人采集尿液样本时往里面加某种细菌，以影响检测结果；修改被害者的医疗记录；往被害者的身体里注射一些对健康有害或者不对症的药物、异物，造成身体出现症状或操控医疗样本；对被害者的身体实施物理伤害，造成明显外伤。

明尼苏达多重人格测试是一种普遍被认为可以有效鉴别精神问题、性格倾向的心理测试，在这个测试中的精神病态量表这一项中，代理型孟乔森综合征患者的得分显著高于普通人。精神病态量表这项分数高，代表这个人容易出现反社会行为，并且习惯长期说谎。

患有代理型孟乔森综合征的母亲们多数行为源于一时冲动，并没有从长期打算，所以有时会因为失误而导致孩子死亡。患者不会出现过多的暴力行为，所以她们倾向于避免直接进行物理伤害，而是选择使用注射等相对隐蔽的手段给孩子造成不必要的就医。

83 侦破案件时如何应用犯罪心理学？

一家大型医药公司的团委书记李某，其父母都是当地的精英阶层，他与妻子的小家庭富裕又温馨，可即使在这样优越的环境中，李某仍然不满足，他盗窃医药公司的名贵药材，总价值近百万元，事发后他被依法判处死刑缓期两年执行。

刚入狱时，李某总觉得自己盗窃的是国有资产，对个人的危害不大，法院这样量刑太重了。因为无法面对遥遥无期的铁窗生涯，加上得知父亲受到党纪处分，他更是万念俱灰，多次自杀。

还好李某每次自杀都被救了回来，监狱长了解了他的情况后循循善诱，还积极地帮他解决家庭纠纷，鼓励他写作，使他重新建立起好好改造的决心。李某后被改判为有期徒刑 18 年，之后还多次被评为优秀撰稿人、改造积极分子。然而，此时李某的情绪再次出现波折，他不愿意再进行体力劳动，甚至还顶撞警察，一心只想着从事文字工作。

监狱长对他耐心疏导，使他认识到自己的错误，李某又重新开始接受改造，还主动申请去做最脏、最累的工作，他的良好表现又获得了两年半的减刑。

他在自己的文章中将自己比喻为一名纤夫，他身后的船里载着悔恨的昨天和希望的明天，逆水行舟，不进则退。

犯罪行为是一种复杂的行为，犯罪行为大多是在犯罪心理的支配下产生的。犯罪心理通常是指犯罪主体在犯罪活动中的心理，犯罪心理学就是研究犯罪发生的自始至终，犯罪人的心理发展过程。

我们最熟悉的犯罪心理学是根据犯罪的手法、受害者的情况就能对犯罪者进行侧写，包括年龄、性格、职业等，从而缩小犯罪嫌疑人的范围，甚至直接找到嫌疑人。

犯罪心理分析的前提是勘查现场，就像物理证据一样，心理痕迹也会被留在现场，通过对案发现场的重建、模拟和再现，能发现一些未知物证，达到为进一步的侦查提供方向，从而提高侦查效率，破除侦查僵局。

Truth 冷知识·真相

在一些疑难案件和变态案件中，心理分析非常重要，因为一般情况下，较凶残的犯罪嫌疑人的心理往往是不正常的，我们不能用常理推断他们会去做什么事情，这时就需要专业的人来推断他们的心理状态。

在实际的刑事侦查活动中，心理侧写只是犯罪心理应用中的一部分，它还有其他一些用途：

1. 协助警方侦查

曾经有一名年轻女子的尸体在郊外的山上被发现，法医判断死亡时间是在前天深夜，因为下雨，现场的痕迹几乎都找不到了，只有尸体附近有一些剧烈挣扎过的痕迹。在没有实质物证的情况下，警方将思考方向放在了一个年轻女孩为什么半夜要去郊外的山上这个问题上。一般情况下，女孩不会在深夜到偏僻的地方，除非她是和熟人一起来的。从女孩身边的人开始查起，警方很快发现凶手就是死者的男友。

2. 在审讯工作中的心理战和测谎技术

有一起入室抢劫案，警方及时到达现场，于是犯罪分子挟持人质和警方进行对峙，警方不顾犯罪分子的心理活动，直接用喇叭喊话威胁他，结果导致了歹徒和人质双双死亡。歹徒最初的目的只是求财，最后却出了人命，这就是忽略犯罪心理重要性的结果。

3. 异常心理支配的犯罪行为侦查

拥有异常心理的人的犯罪行为往往没有规律可循，这成为侦查人员侦破这类案件的最大障碍。这种拥有异常心理的人作案动机也非常不正常，所以犯罪行为往往会比较复杂，体现出很多独特的变态心理痕迹，发现这些痕迹、利用这些痕迹进行破案就是关键。

因此，犯罪心理学是一门科学，需要我们走进科学了解犯罪者的心理。

84 装成精神病可以躲避刑罚吗？

1976 年，13 岁的朱迪·福斯特在电影《出租车司机》中扮演了一名 12 岁的雏妓。该片中有这样一段剧情，一名孤独自闭的退伍军人企图谋杀总统候选人以引起暗恋女子的注意。

1955 年出生在一个富裕家庭的约翰·辛克利因为看了该片就此迷上了福斯特，他频繁地给福斯特打电话、写信骚扰她。辛克利的家人发现了他的异常，让家庭心理医生对他进行治疗，心理医生建议把辛克利赶出家门，用以促进他成长，但正是这件事将辛克利推到了崩溃的边缘。

1981 年 3 月 30 日，辛克利效仿电影中的剧情，去刺杀里根总统，想要引起福斯特的注意。最后一发子弹打中了里根身上离心脏只有一厘米的地方，但他最终保住了性命。

辛克利的父亲聘请了几乎当时所有顶尖的律师，律师们以辛克利在开枪射击里根的那几分钟里突发精神病来进行辩护，法庭最终宣判辛克利无罪。

一个心理扭曲的富二代暴徒，打了总统一枪，却被证明在开枪时精神失常而无罪。其实早在辛克利刚被逮捕时，医生就质疑过他是否真的精神失常。在谋杀里根之前，辛克利自己一个人乘飞机在美国各地转悠，到旅馆办理入住手续，将可以爆炸的子弹装进谋杀里根的枪中，最后还平静地给福斯特留言，解释自己此行的目的。

这些行为似乎都不是一个精神病人会做的事情，但是既然法院判决了，只能按照精神病人来执行。在美国，那些犯了暴力案件的精神病人会由政府出钱让他们待在特定的精神病治疗机构，在规定的治疗期限内被限制自由。

辛克利被送到美国最有名的伊丽莎白精神病院接受治疗。1988年，辛克利表示自己病好了，已经不再迷恋福斯特了，但是特工在他出院前赶过去，在他床下放了一张福斯特的裸体漫画。因为检查发现了照片，证明他还没好，他又继续被关在精神病院。

2003年，48岁的辛克利再次申请出院。两年后，辛克利出院后的第一天，特工就以他可能被病友影响，患上了某种未知的精神病又给抓回精神病院。

之后辛克利的数次出院申请均被拒绝，直到2016年7月，他才出院与母亲共同生活。虽然装病让辛克利成功逃脱了法律的制裁，但是他也为此付出了巨大代价。

Truth 冷知识·真相

我国对于一些不需要承担刑事责任的精神病犯罪者最常见的处理方式是让他重新回到社会，是用一种私立救济为主要的方式来处理。于是一些犯罪分子会认为，精神病人有特权，犯罪后如果被抓住了，只要装成精神病人就可以逃避法律的惩罚。

但是装成精神病不是只要装疯卖傻就可以的，在专业的医生眼中，装病者的症状和真正的精神分裂症患者之间存在很明显的不同，警方也会运用一系列的手段辅助检测犯罪嫌疑人到底是不是罪犯。

首先，警方会用特殊手法去24小时盯着疑似精神病的犯罪者。警方会对疑似精神病的嫌疑人进行调查，有社交、日常表现等，如果要装病，必须要在过去很长时间的生活中，无论在面对谁时都要装病。

然后，警方会研究嫌疑人的家庭病史，因为精神病和遗传有很密切的关系，家族中没有精神病患者的嫌疑人会让人感到很怀疑。

最后，也是最大的难度，就是日常行为的鉴定。疯狂的行为会消耗大量的体力，但是真正的精神病除了每天到处跑、到处忙外，他们很难进入睡眠状态，而正常人在装了一天疯之后往往会非常困，晚上倒头就睡，这就露了马脚。

现在司法方面的精神病鉴定有很严格的流程，所有的诊断都是由省级以上的医疗机构来进行的，结论是非常权威的。除非装病的人真的将自己逼疯了，否则不可能通过以上所有程序。

所以，现在想要在犯罪后装成精神病以躲避刑罚是不可能的。

85 创伤后应激障碍患者常常会高度警觉吗？

2017年1月6日，美国东南部佛罗里达州劳德代尔堡－好莱坞国际机场发生了一件让人意想不到的事。一位乘客在取到托运的行李后，拿出了藏在里面的手枪，向机场里的人群开枪，造成了至少5人死亡、8人受伤。

这名疯狂的射击者持有美国军人身份证，身份证上的姓名是埃斯特万·圣地亚哥，年仅 26 岁的他是美国国民警卫队队员。这次事件他没有同伙，据目击者称，他独自一人身穿"星球大战"T 恤衫，在机场 2 号航站楼行李传送带旁向旅客开枪，在试图重新上子弹时被警方制服。

埃斯特万在整个过程中没有说过一句话，警方将他带走时，他也没有挣扎。

埃斯特万被检查出患有创伤后应激障碍，简称 PTSD。从 2004 年以来，美国陆军的自杀率一直在上升。来自军方的一份评估报告上称，军队中约有七分之一的士兵想过自杀。但其实自杀只是创伤后应激障碍的极端表现之一，这种心理疾病也可能会导致谋杀，甚至是像埃斯特万这样无目的的枪杀。

创伤后应激障碍造成的不良影响已经让我们不得不重新重视这个问题了。盲目战争带给人类的只有痛苦，也让无数一线士兵们饱受煎熬。

Truth 冷知识·真相

创伤后应激障碍是指个体经历、目睹或者遭遇一个或多个涉及自身或他人的实际死亡，或受到死亡的威胁，或严重的受伤，或躯体完整性受到威胁后，所导致的个体延迟出现和持续存在的精神障碍。一般情况下，女性比男性更容易得创伤后应激障碍。

创伤后应激障碍的产生和很多因素都有关，像家庭因素、社会心理因素、生物学因素，又比如经济状况、社会地位、受教育水平、个性特征、童年创伤、应激性生活事件等，这些都会导致每个人对重大创伤事件产生不同的反应。

有些患者会不断地回想起与创伤有关的情景或内容，甚至感觉创伤性事件好像再次发生一样；有些患者会极力回避与创伤经历有关的事件，出现选择性遗忘，不能回忆起与创伤有关的事件细节；有些患者会出现过度警觉、注意力无法集中和焦虑情绪；还有些患者会表现出攻击性行为、自杀行为，或者伴随着抑郁症状。

创伤后应激障碍和抑郁症的患者不仅在症状上重叠，而且两者经常出现共病。其一起出现的概率为 8% ～ 67.5%。创伤后应激障碍和抑郁症的共同部分在于持续的心情低落和兴趣减退。

区别在于，抑郁症的症状连续持续两周就可以确诊，而创伤后应激障碍是在创伤后一个月内持续出现症状才能确定，而且抑郁症的诊断必须排除丧亲、经济破产、自然灾难的损失、严重的躯体疾病或伤残的反应等重大事件。也就是说，抑郁症必须是在没有任何重大事件的征兆下，持续出现的情绪低落，而创伤后应激障碍的首要条件是有创伤事件。

86 纵火犯的动机竟是为了验证父亲的话？

某日，消防人员接到火灾报警，他们赶到现场进行灭火后，不到一个小时，同一个小区的另一座楼也报了火警。这边的火还没有灭，有居民喊："旁边小区也起火了！"连续的几次起火都是因为杂物被烧着，24小时之内，周边共发生8起火灾，好在因为消防人员赶到得比较及时，火灾并没有造成较大的财产损失。

警方在走访调查时，发现每次火灾发生时都没有人在燃放烟花爆竹，所以不是意外失火。如此密集的失火，人为的可能性比较大。

警方调取了现场周边的视频监控录像，一名反复在起火点位置徘徊的男子引起了警方的注意。该名男子多次转头注意周围情况，之后从兜里掏出一不明物品，操作了几秒后离开。男子离开后，杂物堆起火。

警方找到视频中的男子，带回警局问话之后，发现他还未成年。当问到他是否放火时，他很快就承认了自己的所作所为。他说放火是为了报复父亲，因为他父亲说过他"早晚得进监狱"。

有些人喜欢纵火，他们不为别的，只是为了纵火，这在精神医学上被称为纵火癖。案例中的犯罪嫌疑人虽然有多次纵火的行为，但他显然不属于纵火癖。

纵火癖是一种病理性纵火，是一类以获得快乐、满足或缓解紧张而反复纵火为主要表现的心理障碍。

这是一种少见的疾病，得了这种病的人往往会一而再，再而三地反复纵火，纵火前很紧张或激动，纵火后会感觉到满足、愉快、解脱，他们往往会对与火灾相关的事物感到特别有兴趣。更重要的是，他们纵火并非为了金钱、表达愤怒、宣扬政治或社会理念、毁灭犯罪证据等，也不是因为判断能力不足，只是为了纵火而纵火。

因为患者多数有纵火经验，跑得很快，很难抓到，即使抓到了，也会否认放火，所以没办法统计患有这种病的人有多少，只知道纵火癖患者多为社交技巧差和学习困难的男性青少年。

Truth 冷知识·真相

上面提到的纵火癖是一种病态心理，但其实多数的纵火犯都没有得这种病，那他们的心理是怎样的呢？有些罪犯选择了刀、枪、毒药作为作案工具，为什么他们却选择了火？

对正常人纵火犯罪的研究其实也是很有必要的。纵火主要是指特定人故意放火或放任火灾发生而不顾他人生死，也就是行为人置火灾可能造成的浩劫于不顾的偏差行为。纵火非常容易，但是它的危害巨大，小则夺去人的财产，大则取人性命、危害社会公共安全。

纵火的动机很多，比如：破坏性、兴奋性、报复性、隐匿性、牟利性、偏激性和系列性等。虽然动机不同，但是纵火犯们通常会有以下一些共同点：

（1）纵火者在心理层面大多呈现出挫折感高、低自尊、忧郁、愤世嫉俗、自控力低、钻牛角尖等。他们对自己的能力和表现力没有信心，做事容易摇摆，但却极度爱面子。

多数罪犯无法面对现实生活中的不足，于是就在自己的幻想中进行补偿，创造出另一个自己。现实中的自卑与幻想中的自尊相结合，产生了高而不稳定的自尊感，这样的自尊感是具有很高的侵犯性和暴力性的。

（2）纵火者往往缺乏与他人交流的技巧，性格内向，他们会压抑和封闭自己，以至于在自己的思想、情感中把自己和别人隔离开来。他们同时也是自私、以自我为中心的，缺乏同情心，无法和别人共情。

（3）纵火者的另一个关键词是懦弱，纵火就是一种懦弱的行为，因为采用纵火这种方式，纵火者就无须直接面对那些受害者。一个懦弱的人，在面临问题的时候经常采用的办法就是逃避，而逃避的方法，经常是通过想象。

只有生活在想象中才能使自己逃避那些现实中无法面对的困难，但是在想象中已经解决或者躲避掉的问题，在现实生活中还是存在，这些问题和挫折积累到一定程度，情绪也会跟着越来越难控制。这时，他们就选择了纵火，火象征着压抑的情绪，充满了破坏性，火烧得越旺，越是一种情绪的宣泄，对于爱想象的懦弱的人来说，纵火是一种很好的情绪宣泄的手段。

87 女性受害者比男性多吗？

1888 年 8 月 7 日，伦敦东区的白教堂附近发现一具女尸。经过调查，死者是一名叫玛莎·塔布莲的中年妓女，她身中 39 刀，其中有 9 刀都划过咽喉，是致命伤。

白教堂是比较偏僻的地方，这里居住的大多数是移民和穷人，治安很差。

8月31日，另一位名叫玛丽·安·尼古拉斯的妓女也被发现死在白教堂附近的一个囤货区，她不但面部被打成重伤，部分门牙也被打掉了，脖子和肚子还被割了几刀。

还有安妮·查普曼，也是一名老妓女，她和之前几名死者一样，被割开喉咙和肚子，脖子上还有明显的勒痕。

9月25日，英国中央新闻社收到一封署名为开膛手杰克的信，信上说他就是杀死几名妓女的凶手，并且说自己还要杀死更多的妓女。这封信上甚至还按了指纹。

之后的杰克就像他自己说的那样继续作案，即使到最后，他的身份还是谜。

在我们的固有印象中，犯罪案件中女性受害者会比男性受害者多。但是实际上并不是这样。

美国司法部曾发过这样一组数据，关于暴力犯罪被害率，1973～1995年间，男性基本稳定在6%～7%之间，女性基本稳定在3%～4%。从1994年开始，两性的犯罪受害率均大幅下滑，但男性始终高于女性。2003年左右，男性约为2.5%，女性约为1.5%。从2014年，男性比女性的犯罪受害率约略高0.1个百分点。

而我国台湾的金马地区，从性别比例平均值来看暴力犯罪的被害率，男性约为女性的1.42倍。

我国所称的暴力犯罪与美国定义的不同，我国所称的暴力犯罪指故意杀人、绑架勒索、抢劫、强奸等以暴力行为为特征的犯罪。美国将其称之为严重暴力犯罪。虽然定义不尽相同，但同样都是男性多于女性。

来自英国的数据称，男性遭遇暴力犯罪的概率为 2.4%，女性为 1.3%。

虽然没有我国大陆地区的具体犯罪数据，但是相关资料也显示，暴力犯罪受害者仍然是男性多于女性。

Truth 冷知识·真相

虽然有数据证实，男性的犯罪受害率普遍比女性要高，但是女性的被害恐惧却比男性更加严重，其中的原因可能有以下几点：

首先，就是来自人们的固化观念。

如果我们没有专门研究过犯罪受害率的问题，听说有个男人被杀了或者一个女人被杀了，我们的第一反应是同情受害者，同时也提醒自己以后要小心一些。尽管在事实上，我们听到的男性被杀案远多于女性被杀案，但并不会产生男性更容易被杀的观念。

如果我们听说有个女性被强奸了，性别问题就会成为我们的一个关注点，会被我们的潜意识进行强化，我们逐渐就会觉得这个社会对女性来说更加危险。

另外，女性成为熟人犯罪的受害者的概率更高，我们会想当然地认为，熟人伤害女性的概率都这么高，那陌生人伤害女性的概率肯定更高。但实际上，女性遭遇熟人作案的概率是男性的 130%，而男性遭遇陌生人伤害的概率却是女性的 212%。

其次，是社会文化对心理的影响。

女性在生理方面比男性弱小，这在一定程度上是事实，但是在心理上的弱小方面，却在很大程度上会受到周围环境的影响。如果女性自己在心里早已经种下了"我很弱小"的种子，那她就真的会更加脆弱。

还有一种社会现象很可怕，就是谴责受害者。有时新闻爆出一宗强奸案，舆论中会有这样一种声音，称被害者衣着暴露、引人犯罪，这是对被害者的二次伤害，更会增加有可能成为受害人群的恐惧感。

最后，是新闻工作者的宣传。

犯罪类型新闻的报道方式对大众的恐惧感有很大的影响，人们很容易会随着报道产生情感起伏。

对大陆地区来说，娱乐八卦和社会新闻是最能吸引读者眼球的，而社会新闻中，最容易吸引人注意力的就是犯罪新闻，所以这种类型的新闻报道很多，也导致了大家会有一种错觉，就是社会非常不安定，女性很容易受害。

其实女性在一定程度上对犯罪有恐惧感是一件好事，这样可以让女性朋友更多地提高警惕，但是如果过分恐惧到影响正常生活的地步，那就需要想办法去解决这件事情了。

88 为什么男性犯罪概率比女性高？

马某的工作是在一家砖厂里看火，因为砖厂老板有一个月没有支付其工资，出于泄愤报复的心理，马某想要老板遭受经济损失。

马某知道关闭砖窑风闸会导致火灾，他在没有告知任何人的情况下关闭了砖窑中所有的风闸，然后偷偷回到老家，导致砖窑发生火灾被烧塌了，砖块也毁了。

经过鉴定，砖厂被损毁的财物共值人民币21000元。不久，马某被公安机关抓捕归案。在案件的审理过程中，马某的家人将21000元赔偿款上交给了法院。

由于被告人马某的认罪态度较好，而且其亲属积极赔偿被害人的经济损失，法院以破坏生产经营罪依法判处被告人马某有期徒刑6个月。

马某的案例是众多男性犯罪案例的其中之一。虽然近年来女性罪犯正在增加，但男性犯罪仍然是犯罪成员的主体。目前我国男女犯罪比例为8：2。

女性犯罪的主要原因有：

（1）文化程度低，法制意识淡薄。虽然我国一直在倡导男女平等，经过多年的努力，现在也颇有成效。可是仍然有一些闭塞地区的农村妇女不能接受完整的文化教育，再加上生活面狭小，造成了这些妇女法制意识淡薄，对基本的法律常识不了解。她们无法用正确的法律手段保护自己，在受到侵害时，也缺乏正确的处理方式，有时会因此触犯法律。从女性罪犯的文化程度来看，文盲、半文盲占总数的76.12%，初高中文化占17.36%，其他占6.52%，由此可见受教育程度较高的女性犯罪率低。

（2）心理素质差。有些女性受重男轻女的传统观念影响较深，社交圈很窄，局限的环境容易造成善妒、偏执、狭隘的性格。再加上女性较为情绪化，受到刺激容易冲动，很多女性犯罪的案件是由于一时冲动造成的。

（3）价值观扭曲。社会的发展使得人们的传统文化和价值观遭受冲击，享乐主义和唯利是图成为一些人的信条，一些女性在诱惑面前不能把握好自己，人生观和价值观发生极大的扭曲。

（4）就业难。我国经济恰逢转型期，对一些受教育程度低而且没有一技之长的女性来说，就业成了一件难事。这使一些女性为生活所迫，走上了诈骗、盗窃等犯罪道路。

T ruth 冷知识·真相

由于一些客观原因，女性在经济和政治方面的地位，总体还比不上男性，所以针对经济、廉政类的犯罪，女性由于从事这些职业的绝对人数比男性少，所以犯罪的人数也少。

另一个男性比女性犯罪率高的原因是，犯罪可以让他们获得资源。

男性犯罪比女性高这件事是自古以来就存在的现象，从进化的角度来说，男性和女性分别朝两个不同的方向发展出了各自的特点。女性繁衍后代的优势是男性不能比的，大多数女性总能找到愿意与自己生儿育女的伴侣，男性在这方面却有一些压力。

条件优越的男性更容易获得女性的青睐，甚至有可能留下很多后代。但是资源少、地位低的男性可能就会无人问津，一个后代都没有。所以处于弱势的男人为了得到金钱、名声和地位，愿意不惜一切代价，大部分人会努力工作、正当竞争，但是如果正当途径不能达成他们的愿望，他们便会借助犯罪手段来使自己获利。

在刑事案件中，男人犯罪的原因多数与女人有关，有的是为了争夺女人杀死了情敌，有的是为了给自己的女人更好的生活，有的是为了不被自己的女人看低而采取强硬的手段。

这些说的是男性罪犯的心理动机中的其中几种，有了动机，再加上男性的体力一般比女性要强很多，所以犯罪分子中的男性比女性要多。

89 强奸是一种心理失常的行为吗？

印度政府早在前几年就开始强力打击强奸等性犯罪案件，但是强奸案依然时有发生，受害者不仅有本国女性，还有外国游客。

在印度旅游城市斋浦尔，一名20多岁的日本女游客独自一人走在街上，一名印度男子过来搭讪，提出要给日本女游客做导游，然后用他的摩托车将女游客带到城外的一个村庄实施了强奸。

就在这件事发生的一个月前，6名印度男子因为涉嫌强奸另外一名日本游客而遭到逮捕。

还有一位尼泊尔的妇女，她本来是到印度治疗抑郁症的，结果却失踪了，她的尸体被发现在一处田地里，已经残缺不全。尸检显示，受害人被重物击打头部，在半昏迷的状态下遭到强奸，医生还在她的体内发现了木棍、刀片和石头等。

事后，警方逮捕的 8 名犯罪嫌疑人都承认强奸和谋杀了该名妇女。

其实强奸的本质并不是一种性行为，而是一种心理功能失常的现象。同时也是一种感情脆弱和心理不安全的个人无法处理日常生活中的紧张、压力和要求时，进行的一种自暴自弃、不顾死活的暴力行为。

从心理学角度分析，强奸者往往有如下心理或社会特性：小时候对母亲的喜爱超过父亲；家庭破碎或者青春期时对性接触得比较多；有强烈的虐待幻想；已婚者与伴侣的夫妻生活不和谐；有伤风化的犯罪记录，比如暴露狂等。

Truth 冷知识·真相

强奸犯的心理类型可以分为下列几种：

（1）无道德的自我中心者。他们往往千方百计地想要与他人发生关系，他们对预先选择好的被害者进行强奸。这种类型的人一般喜欢独处，对性方面的经验少，他们受到性刺激之后，不能以其他方式得到满足。他们在性方面是个未成熟者，在手段方面充满着犯罪性。

（2）追求快乐型或者消费型。这种类型的罪犯有选择被害者并诱骗被害者的一个过程。他们虽然也有强烈的性冲动，但是具有相当浓厚的玩弄因素。这种类型的人多数对性方面很有经验，所以有显示自己的冲动，认为客观条件对自己合适，对方也有那种意思，对方是会答应的。这种人的生活状况往往很不安定，而且过去大多有过不良行为。

（3）突发者。这种人平时循规蹈矩，甚至身边的人可能会对其有老实、绅士的评价，但是由于生活或事业的挫折导致心理失常，于是产生了犯罪行为。

（4）冲动型强奸犯。这种类型的罪犯要不就是完全没有性经验，要不就是经常自慰，并从中产生强烈的罪恶感，他们常常是性格内向、自卑感强的人。这种类型的人急需进行心理治疗。

（5）有些人在实施其他犯罪的时候，比如抢劫之类的，有时看到女受害人会突然起邪念，这是犯罪行为的进一步发展。

（6）将性满足和暴力结合在一起，用造成对方痛苦的方式来寻找自我的兴奋感和刺激感，在虐待和咒骂中获得满足，同时认为自己征服了对方，感到自己很强大。

以上列举的是强奸犯罪中常见的 6 种类型，有些罪犯会具有两种或两种以上的类型。

90 "邦妮和克莱德症"助长犯罪吗？

《邦妮和克莱德》这部电影讲述了 1930 年的大萧条中，邦妮·派克在得克萨斯州达拉斯市西小镇的母亲家中第一次见到克莱德·巴罗，当时他正在偷邦妮母亲的汽车，邦妮喝止了他。

克莱德对邦妮一见钟情，他请邦妮去喝了一杯可乐。为了向邦妮证明自己的胆量，克莱德持枪抢劫了一家杂货店，两人慌忙逃上一辆汽车，由此开始了他们为期两年的犯罪之路。

克莱德教邦妮射击的时候，一个农民跑了过来，说这里本来是他的家，但银行把他们从家里赶了出来，他在四处流浪之前，想最后来看一眼自己的家。克莱德对着银行的牌子开了几枪，然后把枪交给农民，农民痛快地朝自己家开了几枪。

在经过了一场跌宕起伏、困难重重的搜捕后，克莱德和邦妮被人出卖，他们被埋伏的警察击毙了。

这部电影是根据 20 世纪 30 年代的一对雌雄大盗的故事改编的，现实生活中的邦妮和克莱德是抢银行、杀人的劫匪，电影将这两个犯罪分子美化，在影片中，他们外形俊美，犯罪的行为都有一个正义的出发点。

影片拍摄于 1967 年，这个时代的美国年轻人对社会固有传统观念开始进行反思和批判，这部电影恰好触碰了当时年轻一代的神经。

现实生活中，有些女性被判刑的杀人犯所吸引，有的女性甚至嫁给了罪犯，她们痴迷于犯罪的人，崇拜他们，并由此获得兴奋感，医学上后来将这种行为称为"邦妮和克莱德症"，也叫"坏男孩控"。

Truth 冷知识·真相

患了"邦妮和克莱德症"的女孩们大体可以分为两类：

一种是主动型的，她们不止迷恋那些罪犯，还会参与罪犯的活动，帮助他们实施犯罪行为。这种类型的女孩有些是出自不安全感，如果嫁给坏人，就不用再怕坏人了；有些是因为潜意识中对暴力杀戮所带来的生存概率的潜在提高；有些女孩是想要显示自己的与众不同，觉得与罪犯交往是一件很刺激的事情。

另外一种是被动型的，她们无意参与犯罪，开始时更多的是想要改变罪犯或者为其开脱。

1995 年，奥斯卡·雷·柏林因其所犯奸杀罪接受审判，律师罗莎莉·马丁内斯却与他一见钟情，几个月后就与丈夫离了婚，嫁给了柏林。即使最后柏林被判定有罪，马丁内斯仍然坚持为其辩护，认为他是清白的。

大多数被迷恋的男性罪犯都具有反社会人格，他们没有同理心，不会悔过，与他们交往的女性会陷入一种恶性恋爱关系。

反社会型人格障碍是一种犯罪型人格障碍，这类人格障碍的特征是具有高度攻击性，行为受偶然动机驱使，常以敌意和严重暴力显露内心冲突。他们对坎坷没有耐受力，不能预计自己的行为所带来的消极后果，丝毫没有不道德感或罪恶感。

近些年，全球很多地方都爆出女孩爱上囚犯的新闻，身系 13 宗命案而被判死刑的理查德·拉米雷兹在蹲监狱的时候，前后有数百名年轻女性到监狱中探望他。

这种患上"邦妮和克莱德症"的女孩可能是性格使然，她们很容易投入感情，同时对与囚犯建立一种可以预测的关系感到心安。同时，这种女孩很有可能会助长犯罪的行为和风气。

91 性奴案与斯德哥尔摩综合征有何关系？

原本在消防部队工作的孙某拥有一个幸福美满的家庭，他和妻子有一个可爱的儿子。

他的犯罪经历要从他买下一间私人地下室开始说起。那是一间不足 20 平方米的房间。2009 年，孙某在网上看到一个他自认为的商机——裸聊，在接下来的两年时间里，孙某以包夜作为借口从夜总会将 6 名女子带到自己的地下室里进行囚禁。

第一个受害人是孙某在 2009 年 10 月骗来的，他强迫其帮他挖地窖。因为挖地窖需要很长时间，孙某便对自己的妻子谎称晚上找了一个帮人看门的兼职。

他们在地下室的下面挖了一个深达 6 米的地窖，在里面设置了 7 道铁门。受害者被囚禁在里面，即使大声喊叫，外面也完全听不到。

孙某将受害人诱骗到地窖后，让她们裸聊帮自己赚钱，强迫她们做自己的性奴。后来他嫌裸聊赚得少，还直接带她们出去卖淫。在漫长的囚禁期间，孙某还让其中一名受害人帮他杀害了另一名受害人，然后埋尸，其行为令人发指。

2011 年 9 月，孙某又带一名受害人去卖淫，受害人在此过程中跑进警察局报警，囚禁性奴案件才就此告破。孙某最后被执行死刑。

这起案件引起了社会各界的广泛关注，其中有几个问题值得讨论。

首先是在孙某带受害人出去卖淫的过程中，很多时候她们都有逃跑的机会，但她们大多数时候既没有跑，也没有向外界求助。

然后是协助杀人事件。在囚禁过程中，有受害人自愿帮助孙某实施杀人，甚至受害者们还会争风吃醋，想办法讨好孙某。

最后，当受害人被解救出来后，警方向她们询问在被囚禁期间的遭遇，她们都声称孙某对她们"挺好的"。不仅不恨他，反而想要袒护孙某。

很显然，被害人对犯罪者产生了感情，甚至反过来想要帮助犯罪者。这种现象不是在孙某的案件中首次出现，早在 1973 年的瑞士斯德哥尔摩就出现了受害者想要帮助犯罪者的案件，当地的心理学家将这种心理问题称为"斯德哥尔摩综合征"，也叫作"人质情结"。

Truth 冷知识·真相

从人类文明开始，这种心理病症可能就已经存在了，只不过近些年才被我们所发现。

杰弗逊大学综合医学中心精神和行为医学主治医生杨景端博士，分析人们产生斯德哥尔摩综合征的四个条件为：

（1）人质真切地感受到了生命受到威胁；

（2）施暴的人给了人质一些小恩小惠；

（3）犯罪分子给人质洗脑了并且控制了他们的信息来源；

（4）人质觉得自己肯定逃不出去。

人在想要活命的时候，是最好骗的时候。人们很难摆脱那种在生死一线时的强大心理暗示。正常人遵守正常的社会规则和秩序，最根本的目的是让自己可以生存下去。而犯罪分子用暴力塑造的强权形象是最原始的重塑规则的方式，受害人长期处于这种情境下，出于对生命的本能渴望，就会渐渐屈从于这种"新的规则"，对犯罪分子产生服从和崇拜的情绪。

但是并不是所有的人质都会出现这种情结，只有27%的人会出现斯德哥尔摩综合征。

性奴案件中的犯罪分子除了寻找对性欲的满足外，还想要将受害人长期据为己有，这种人在社会上一般缺乏认可度和关注度，也缺乏性满足的途径。长此以往，他们就想要通过囚禁和掌控受害人来恢复自信、实现"自我价值"。

斯德哥尔摩综合征与"邦妮和克莱德症"，这两者都是患者对实施犯罪的人产生一种崇拜、同情或者想要帮助他们的情结。但他们的不同在于，"邦妮和克莱德症"患者不一定是被控制的，而斯德哥尔摩综合征一定是被犯罪分子控制住后才会产生的。

另外，"邦妮和克莱德症"是异性之间（多为女性对男性）产生的情结，而斯德哥尔摩综合征不局限于性别，有些女受害者想要嫁给男犯罪分子，也有些受害人没有这种想法，只是单纯地对犯罪分子产生想要帮助他的想法。

92 受害人和犯罪分子都可以被驯化吗?

1996 年,日本驻秘鲁首都利马的大使馆遭到了攻击,日本驻秘鲁大使馆的官邸正在举办一次宴会,图帕克·阿马鲁革命运动的 14 名激进分子挟持了数百名外交官、政府和军方官员,还有很多国家的企业高管,将其全部扣押为人质。

这次人质扣押持续了数天,奇怪的是,几天后绑匪竟然无缘无故地释放了大部分的人质。这些被释放的人里还有秘鲁的总统和总统的母亲,他们对于这些激进分子来说本来是谈判的重要筹码。

经历了长达几个月的谈判失败之后,秘鲁突击队将其他人质解救了出来。

人在特殊的场合和环境下,心理、精神和行为都会发生一些不可预知的变化,甚至引发一些精神方面的疾病。

前文提到的受害者被犯罪分子所驯化是因为斯德哥尔摩综合征。而犯罪分子也有可能被受害人驯化,就像案例中出现的情况一样,这种与斯德哥尔摩综合征相对的心理异常叫作利马综合征。

患有利马综合征的犯罪分子一般是犯罪心理结构不稳定、容易受到影响和产生同情心的初犯。顽固型犯罪分子往往和这个社会的联系感比较淡薄,但患有利马综合征的犯罪分子却不会这样,他们在看到了人质的痛苦之后会产生自我怀疑和反思,这类犯罪分子比较容易接受改造。

利马综合征的产生有可能是犯罪分子自身产生了愧疚感和负罪

感，对道德的底线游移不定，从而再次思考了自己的行为。也有可能是被害人影响了犯罪分子，让犯罪分子对被害人产生了认同和同情的情绪，犯罪分子就此被驯化，敌意慢慢减弱。

Truth 冷知识·真相

　　我们都知道，家猪是从野猪驯化来的，狗是从狼驯化来的。很多动物都可以被人类驯化，而人类说到底也是动物，那么作为高等动物的人类可以被驯化吗？

　　从某种意义上来说，人类被驯化的事情层出不穷，而任何一种驯化说到底都是心理上的变化。

　　人类在一些特殊的环境下也可能出现一些类似于动物被驯化的心理变化，比如说：

　　利诱。为了利益做出很多违背自己之前的内心和行为习惯，甚至是道德底线的事情。

　　忽悠。一些邪教组织就是用一些歪理邪说来忽悠善良的民众，才会让他们被自己利用。传销也是一个道理，核心思想就是忽悠，当然也结合利诱的部分，用赚钱来给大家洗脑。

　　禁锢。现代的人们对外界了解得多了，视野开阔了，但是古代人在交通不那么方便的时候没法去看世界，不知道外面是什么样的，人们就只能信仰、听从于眼前所能看到的拥有权力的人。

　　恐吓。上面说的方法都有众多不受迷惑的人，但是恐吓的驯化严重程度明显要超过上述几个。运用暴力手段让人不得不屈服，这就是驯化的其中一种方式。

当然，利马综合征似乎和上述几种情况不属于同一类，但它们都是让人类的心理产生变化的机制所引发的情绪。目前我们对利马综合征还在进一步研究中，希望我们能在这个领域走得更深、更远。

出版声明

本书为读者解读在影视剧中以及生活中会见到的一些犯罪案件，科普刑事侦查及法医鉴定等方面的相关知识，以满足读者们的好奇和求知。

本书不得用于诊断或治疗任何疾病，也不得用于现实生活中的任何犯罪行为。

书中如有不足之处，敬请批评指正。